Heinz Grosch – Nach Jochen Klepper fragen

Heinz Grosch

Nach Jochen Klepper fragen

Bilder – Dokumente – Biographisches

Edition Anker

Edition Anker - Biografie

Die Deutsche Bibliothek verzeichnet diese Publikation
in der Deutschen Nationalbibliografie; detaillierte bibliogra-
fische Angaben sind im Internet über <http://dnb.ddb.de>
abrufbar.

www.edition-anker.de

© 2003 Edition Anker im Christlichen Verlagshaus GmbH,
Motorstraße 36, 70499 Stuttgart

Die Originalausgabe dieses Buches erschien 1982 im
Steinkopf-Verlag Stuttgart unter dem Titel:
Nach Jochen Klepper fragen - Annäherung über
Selbstzeugnisse, Bilder und Dokumente

Umschlaggestaltung: Dieter Betz, Friolzheim
Satz: Satz & mehr, Reinhard Günl, Besigheim
Druck und Bindung: Ebner & Spiegel, Ulm

Gesetzt aus der Janson 10/12

ISBN 3-7675-7066-1
Best.-Nr. 297.066

*Meiner Frau
in großer Dankbarkeit,
unseren und allen Kindern
in leiser Hoffnung,
dass Terror und Krieg
ihr Leben nicht zerstören möge.*

INHALT

Da alles, was der Mensch beginnt,
vor seinen Augen noch zerrinnt,
sei du selbst der Vollender!
Die Jahre, die du uns geschenkt,
wenn deine Güte uns nicht lenkt,
veralten wie Gewänder.

Wer ist hier, der vor dir besteht?
Der Mensch, sein Tag, sein Werk vergeht:
nur du allein wirst bleiben.
Nur Gottes Jahr währt für und für;
drum kehre jeden Tag zu dir,
weil wir im Winde treiben.

Jochen Klepper (aus dem „Neujahrslied")

NACH JOCHEN KLEPPER FRAGEN – HEUTE?

Ein Herbsttag 1937. Der in diesem Jahr einer größeren Öffentlichkeit bekannt gewordene Autor eines Romans über den Vater Friedrichs II. von Preußen bringt ein Gedicht zu Papier. Er überschreibt es „Neujahrslied" und legt es wenige Tage später den nationalsozialistischen Zensoren zur Druckgenehmigung vor. Zu diesem Zeitpunkt ist die NSDAP unter Führung Adolf Hitlers fast fünf Jahre an der Macht. Weitere fünf Jahre später wird die Schlacht um Stalingrad einem Krieg die Wende geben, an den im Herbst 1937 in Deutschland noch niemand ernsthaft zu denken wagt. Es gilt noch nicht einmal als ausgemacht, daß dieser Krieg überhaupt kommen wird. Ausgemacht aber scheint im Deutschland des Jahres 1937 zu sein, was ein Mensch ist (mindestens was der deutsche Mensch ist oder zu sein habe) – bei denen jedenfalls, die als Herrschende auch die herrschende Meinung bestimmen. Was ist ein Mensch in Deutschland, der diesen Namen verdient? Es ist der vom „Gesetz des Blutes" geprägte, willensstarke und kämpferische Mensch[1], dessen „letztes Recht immer in der Macht liegt"[2].

Angesichts dieser Situation konfrontiert Jochen Klepper seine Landsleute und Zeitgenossen auf eigene Weise – betend – mit der Frage nach dem Menschen:

> *Wer ist hier, der vor DIR besteht?*
> *Der Mensch, sein Tag, sein Werk vergeht:*
> *nur DU allein wirst bleiben …*

Man braucht nur die nationalsozialistischen Vokabeln mit scheinbar unverfänglicheren zu vertauschen – mit „dynamisch", „kraftvoll", „durchsetzungsfähig" –, um das Gegenüber der Positionen als mögliche Frage auch für die Gegenwart wahrzunehmen. Was also ist der Mensch?

Leszek Kolakowski hat beiläufig einmal davon gesprochen, es gebe zwei Arten, das menschliche Leben zu verstehen. Zum einen könne man den Menschen von seiner geschichtlichen Bestimmtheit her betrachten und damit zugleich im Blick auf seine Verantwortung als Handelnder. Andererseits sei es möglich, ihn – wie der polnische Philosoph vielleicht mißverständ-

11

lich sagt – von den „biologischen Gegebenheiten" her anzuse-
hen, und dazu zählt er vor allem Erscheinungen wie Jugend,
Reife und Alter, die Geschlechter, die Begegnung mit dem Tod
und die Liebe[3].

Wahrscheinlich tun wir gut daran, diese beiden Sichtweisen
nicht einfach gegeneinander auszuspielen. Alter und
Geschlechtlichkeit sind ebenso wenig etwas bloß Schicksalhaf-
tes, wie geschichtliche Verantwortung allein als das zu verstehen
ist, was wir in jedem Falle wahrnehmen oder gar handhaben
könnten. Dennoch will es sinnvoll erscheinen, gerade auch im
Ineinandergreifen von Glauben und Leben, von Religiosität
und konkreter geschichtlicher Existenz einmal eher die verant-
wortete Gestaltung, ein anderesmal eher das Widerfahrnis, die
Führung und die Fügung zu sehen. Mit Worten und Bildern der
Bibel ausgedrückt: Neben dem öffentlich Redenden und Täti-
gen, dem Propheten etwa, steht immer auch der „Stille im Lande" (Ps 35,20); neben dem, der in weittragendem Handeln Gott
vor den Menschen bekennt oder verleugnet, steht immer auch
derjenige, der sein und seiner Brüder Leben und Leiden ganz in
die Hände Gottes legen muß, weil ihm äußere und innere
Bedingungen die Aktion verwehren. Beide – der, der uner-
schrocken den herrschenden Gewalten entgegentritt und damit
in die Geschichte eingreift, *und* der an den Ereignissen Leidende, ihnen wehrlos Ausgelieferte (der eben darin aber am Vertrauen auf Gott festhält) – beide sind immer wieder zu Wegzei-
gern und Leuchtfeuern geworden: in den Gestalten der Bibel
selbst wie in denen, die man später die „Heiligen" nannte. Wieder und wieder geschah (oder geschieht) es, daß dieser oder
jener unter ihnen Vor-Bild für einen anderen Menschen wurde
und ihn so „aus der Begrenztheit des eigenen Horizontes" in die
„unerschöpfliche Weite sich wandelnder Situationen und neu
sich erschließender … Erfahrungsräume" führte. Mehr noch: in
der Begegnung mit ihnen erfuhren Menschen immer neu „die
jeweilige Gegenwart als den Ernstfall des Glaubens"[4] – als den
Ernstfall, vor den jedes Leben auf seine Weise gerät.

Kann es angemessen sein, in diesem Zusammenhang von
Jochen Klepper selbst zu sprechen? Ist er nicht vielmehr der
tragische „Fall", der zwischen die Fronten von Verfolgern und
Verfolgten gerät und dem schließlich kein anderer Weg mehr

Abb. 1: Das Grab auf dem Friedhof Berlin-Nikolassee

bleibt als der Selbstmord? Ist er nicht sogar das Musterbeispiel für den Deutschen, der sich – um seinen eigenen Dingen nachgehen zu können – mit den Machthabern einrichtet (Klepper legt *fügsam* immer wieder seine Arbeiten den Behörden vor und erwirbt sich so die Genehmigung, weiter schriftstellerisch tätig zu bleiben)? Noch das Soldatsein im Dienst für den nationalsozialistischen Staat versteht er auch als Möglichkeit, in der *Übung* zu bleiben (mit „Stilproben" für das Propagandaministerium hofft er den Auftrag eines Kriegsberichterstatters erlangen zu können[5]). Muß sein Leben nicht allenfalls als schmerzliches Einzelschicksal im Kontext von Ereignissen verstanden werden, denen der jeweils Betroffene selbst von Anfang an mehr oder weniger hilflos ausgeliefert war? Bildet sich hier wirklich ein Zusammenhang von Glauben und Leben ab, der auch Späteren zur Orientierung verhelfen kann?

Abb. 2: Beuthen, Blick auf die beiden Kirchen und den Rathausturm

Der Versuch, im folgenden Jochen Kleppers Gestalt anhand von Selbstzeugnissen nachzuzeichnen, ist zugleich der Versuch einer Antwort auf diese Frage – oder vielmehr: Hinweis auf das Leben und auf das Werk Kleppers *als* Antwort.

Wer am biographischen Detail interessiert ist, sei auf die breit angelegte Lebensbeschreibung des Dichters aus der Feder von Rita Thalmann[6] hingewiesen. Hier und in diesem Rahmen soll es um anderes gehen: um eine Zusammenschau der Äußerungen, in denen sich Jochen Kleppers Erfahrungen als Mann einer jüdischen Frau, als Deutscher und Zeitgenosse, als Schriftsteller und als gegen den Tod Glaubender spiegeln. Daß dies nicht möglich ist, ohne zugleich den äußeren Gang seines Lebens und den zeitgeschichtlichen Hintergrund mit in den Blick zu nehmen, mag sich von selbst verstehen.

DER ÄUSSERE WEG

Joachim Wilhelm Georg Klepper kam am 22. März 1903 im heute polnischen Beuthen an der Oder (Bytom) als drittes Kind eines schlesischen Pfarrers zur Welt. Zwei Schwestern, Margot und Hildegard, waren vor ihm geboren worden; zwei Brüder, Erhard und Wilhelm, sollten ihm noch folgen.

Aber was das Kind und den Heranwachsenden prägte, war nicht nur das evangelische Pfarrhaus, sondern zugleich die tiefe Beziehung zur künstlerisch-sensiblen Mutter von ursprünglich katholischer Herkunft: eine Beziehung, die noch den Mittdreißigjährigen bewegt, wenn er nach Jahren innerer Spannung und Distanz gegenüber dem Elternhaus im gleichen Atemzug vom glücklichen Abschluß des Romans über Friedrich Wil-

Abb. 3: Das (hier nicht erkennbare) Haus an der Einmündung der Kirchstraße in den Marktplatz war über mehrere Jahre hinweg Wohnhaus der Eltern Jochen Kleppers

Abb. 4: Jochen Klepper im Alter von drei Jahren

helm I. und von der Versöhnung mit der Mutter spricht[1]. 1937,
kurz vor einer Aufführung der Matthäuspassion im Berliner
Dom, für die seine Frau drei Karten besorgt hat, erinnert er sich
an ein um Jahre zurückliegendes Ereignis: *Damals ... hatte Mutter geträumt, ich führe sie in einen Dom und sagte: „Nun ist alles
wieder, wie es war."*[2] Mit diesen Worten signalisiert Klepper
zugleich seine Bindung an Schlesien, in das ihn die Erinnerung
immer wieder zurückzieht. Noch im Winter 1940 – mitten in
der ständig wachsenden Bedrängnis durch die nationalsozialistischen Machthaber – bewegt ihn die Hoffnung, über den
Erwerb eines Landhauses im Riesengebirge eine *ständige Verbindung mit der Heimat zu* gewinnen, und das heißt zugleich: mit
Betulichkeit, Redseligkeit, Geschäftigkeit, Freundlichkeit und *Zärtlichkeit der Sprache*[3] jener Menschen, die seinen Weg durch
Kindheit und Jugend begleitet hatten. Zu diesen Menschen
gehört nicht zuletzt ein junger Lehrer, bei dem er vom fünf-

zehnten Lebensjahr an bis zum Abitur wohnt, als er in Glogau das Gymnasium besucht. Dieser ist es wohl auch, der in seinem Schüler anbahnungsweise so etwas wie ein politisches Bewußtsein im Blick auf die Situation nach dem Ersten Weltkrieg zu wecken versteht (so fragwürdig es sich inhaltlich zunächst darstellen mochte). Zwölf Jahre später wird der junge Schriftsteller, der sich Jochen Klepper nennt, einen Roman darüber zu schreiben versuchen, der jedoch Fragment bleibt[4].

Die Studienorte Erlangen (1922/23) und Breslau (vom Sommersemester 1923 an) sind erste Stationen auf dem Wege zur Selbständigkeit. Zwar immatrikuliert er sich an der theologischen Fakultät, aber seine Neigung zum Schreiben und seine Empfänglichkeit für die Welt der Schauspieler wird von allen wahrgenommen, die ihn kennenlernen. Die Frau eines seiner Professoren, Melie Lohmeyer, berichtet, Klepper habe ihr einmal „vertrauensvoll einen ganzen Packen Gedichte mitgebracht." Diejenigen, die er selbst für gut hielt, pflegte er regelmäßig an Zeitungen zu schicken, „und mitunter würde auch mal eins genommen", habe er erzählt. „So müsse man anfangen"[5].

Es mag nicht zuletzt die Unsicherheit über den weiteren Lebensweg gewesen sein, die seine Gesundheit im dritten Jahr des Breslauer Aufenthalts, besonders aber im Frühjahr und Sommer 1926 stark beeinträchtigte: *Angst vor der Zukunft* und *nervöse Kopfschmerzen* sind zwei Erscheinungsweisen desselben Zustandes, in dem es vor allem sein *Trost* ist, *daß man, mag man nun auch ganz woandershin verschlagen werden, doch immer zur Kirche gehören kann*[6].

Begegnungen mit Schauspielern – eine Zeit lang glaubt er, diesen Beruf selbst ergreifen zu können – und erste Erfolge bei der Veröffentlichung seiner literarischen Versuche lassen ihn 1927 die im Entstehen begriffene Lizentiatenarbeit beiseitelegen. An die Stelle der Beschäftigung mit einem Thema der Geschichte des Pietismus tritt die Tätigkeit als Redakteur beim Evangelischen Presseverband, *bei dem ich mich gar nicht beworben hatte*. Das feste Einkommen, die Unabhängigkeit in der Zeiteinteilung (*an Dienststunden bin ich nicht gebunden*) und die Freiheit bei der *Auswahl der Themen* lassen ihn mit Hoffnung in die Zukunft gehen: *gesundheitlich bin ich recht zufrieden*[7]. So gibt Klepper die ursprüngliche Absicht, seine 1927 kurz vor der

Abb. 5: 1929 in Breslau

Vollendung stehende Lizentiatenarbeit und damit das theologische Studium auch äußerlich abzuschließen, im Frühjahr 1928
endgültig auf: *Was ich in der Theologie gewollt habe, bleibt mir ja
nach wie vor.* Die Anregungen der Universität erkenne er als *eine
unbedingt notwendige Vorbereitung*[8], heißt es in einem der zahlreichen Briefe an seinen einstigen theologischen Lehrer Rudolf
Hermann.

Kleppers literarisches Tun in dieser Zeit ist offensichtlich ein
tastendes Suchen: neben Gedichten, in denen seine Liebe zu
Rilke durchschimmert, stehen Entwürfe und Fragmente ver-
schiedener Romane (nur einer, „Die große Direktrice", wird
vollendet), Flugblätter des Ev. Presseverbandes zu Zeitfragen –
ein Thema darin ist die Frage nach dem Recht auf Selbstmord
angesichts äußerer Not[9] – und Buchbesprechungen für den
Breslauer Rundfunksender. Daß er sich 1929 der sozialdemo-
kratischen Partei anschließt, wird er wenige Jahre später mit
seinem *Bedürfnis nach Klarheit*, mit seiner *Ablehnung aller Extra-*

2. Die 25 Punkte

Die Nationalsozialistische deutsche Arbeiter-Partei — im Vereinsregister als „Nationalsozialistischer deutscher Arbeiter-Verein" eingetragen — hat am 25. Februar 1920 in einer gewaltigen Massenversammlung im Hofbräuhaus-Festsaal in München ihr Programm der Öffentlichkeit übergeben.

Die Satzung unserer Partei bezeichnet in § 2 dieses Programm als unabänderlich. Es lautet:

Programm
der Nationalsozialistischen Deutschen Arbeiterpartei

Das Programm der Deutschen Arbeiterpartei ist ein Zeit-Programm. Die Führer lehnen es ab, nach Erreichung der im Programm aufgestellten Ziele neue aufzustellen, nur zu dem Zweck, um durch künstlich gesteigerte Unzufriedenheit der Massen das Fortbestehen der Partei zu ermöglichen.

1. Wir fordern den Zusammenschluß aller Deutschen auf Grund des Selbstbestimmungsrechtes der Völker zu einem Groß-Deutschland.

2. Wir fordern die Gleichberechtigung des Deutschen Volkes gegenüber den anderen Nationen, Aufhebung der Friedensverträge von Versailles und St. Germain.

3. Wir fordern Land und Boden (Kolonien) zur Ernährung unseres Volkes und Ansiedlung unseres Bevölkerungs-Überschusses.

4. Staatsbürger kann nur sein, wer Volksgenosse ist. Volksgenosse kann nur sein, wer deutschen Blutes ist, ohne Rücksichtnahme auf Konfession. Kein Jude kann daher Volksgenosse sein.

5. Wer nicht Staatsbürger ist, soll nur als Gast in Deutschland leben können und muß unter Fremdengesetzgebung stehen.

6. Das Recht, über Führung und Gesetze des Staates zu bestimmen, darf nur dem Staatsbürger zustehen. Daher fordern wir, daß jedes öffentliche Amt, gleichgültig welcher Art, gleich ob im Reich, Land oder Gemeinde, nur durch Staatsbürger bekleidet werden darf.

Wir bekämpfen die korrumpierende Parlamentswirtschaft einer Stellenbesetzung nur nach Parteigesichtspunkten ohne Rücksichten auf Charakter und Fähigkeiten.

7. Wir fordern, daß sich der Staat verpflichtet, in erster Linie für die Erwerbs- und Lebensmöglichkeit der Staatsbürger zu sorgen. Wenn es nicht möglich ist, die Gesamtbevölkerung des Staates zu ernähren, so sind die Angehörigen fremder Nationen (Nicht-Staatsbürger) aus dem Reiche auszuweisen.

8. Jede weitere Einwanderung Nicht-Deutscher ist zu verhindern. Wir fordern, daß alle Nicht-Deutschen, die seit 2. August 1914 in Deutschland eingewandert sind, sofort zum Verlassen des Reiches gezwungen werden.

9. Alle Staatsbürger müssen gleiche Rechte und Pflichten besitzen.

10. Erste Pflicht jedes Staatsbürgers muß sein, geistig oder körperlich zu schaffen. Die Tätigkeit des Einzelnen darf nicht gegen die Interessen der Allgemeinheit verstoßen, sondern muß im Rahmen des Gesamten und zum Nutzen Aller erfolgen.

Abb. 6: Art. 1 bis 10 des Parteiprogramms (aus: G. Feder, Das Programm der N.S.D.A.P. und seine weltanschaulichen Grundgedanken, München 1930)

vaganz und Isolierung erklären. Aber *damit hatte ich mir zuviel zugemutet und meine Bürgerlichkeit auf die Spitze getrieben*[10]. Engagement als Bürgerlichkeit – Verzicht als eigener Weg? Was wie eine Rechtfertigung der inneren Unsicherheit klingt, beschreibt genau seine Situation. In der Tat ist es keine Entscheidung des Staatsbürgers Jochen Klepper, des Bürgers der jungen deutschen Republik, die ihn ins tödliche Schicksal der Verfolgten hineinverstrickt, sondern eine scheinbar private Wendung seines Lebensweges: die Begegnung mit Johanna Stein, der um dreizehn Jahre älteren Witwe eines Rechtsanwaltes, und ihren zwei Töchtern Brigitte und Renate, die damals neun und sieben Jahre alt waren. Die Freundschaft dieser Menschen – des jungen Schriftstellers aus dem evangelischen Pfarrhaus und der vierzigjährigen Frau aus einer jüdischen Kaufmannsfamilie – führt am 28. März 1931 zur Eheschließung. Klepper erlebt diesen Schritt als endgültige Befreiung von einer Vergangenheit, die ihn zu dem werden ließ, was er war, und unter der er doch gelitten hatte bis zum äußersten: weil sein Weg den Erwartungen widersprach, die man auf ihn projizierte. *Wäre Hanni nicht gekommen, wäre ich verrückt geworden*[11]. Eine kirchliche Trauung findet nicht statt.

Was die Entscheidung für den gemeinsamen Lebensweg mit Johanna Stein bedeuten sollte, mag dem Autor der „Großen Direktrice" anfänglich zum Bewußtsein gekommen sein, als er im Herbst 1931 nach Berlin übersiedelt. Er schreibt Verlage an und besucht Lektorate, aber immer wieder handelt er sich Absagen ein. Die bemerkenswerteste unter ihnen ist wohl die, in der man ihm erklärt, „das reichlich enthaltene jüdische Element" des im Modemilieu angesiedelten Romans sei „einer Abdrucksmöglichkeit nicht sehr günstig". Wie mußte ein Lektor (1931!) die mutmaßliche Reaktion der Öffentlichkeit einschätzen, wenn er mit dieser Begründung ein Manuskript ablehnte? Immerhin aber ermöglichen es die Honorare für kleinere Veröffentlichungen und Hörfolgen (wie auch das zusammengeschmolzene Vermögen Johannas), daß Klepper und seine Frau wenig später in Südende einen gemeinsamen Hausstand begründen.

Die Verschärfung der wirtschaftlichen Situation im Deutschland der beginnenden dreißiger Jahre zwingen dazu, *eine peku-*

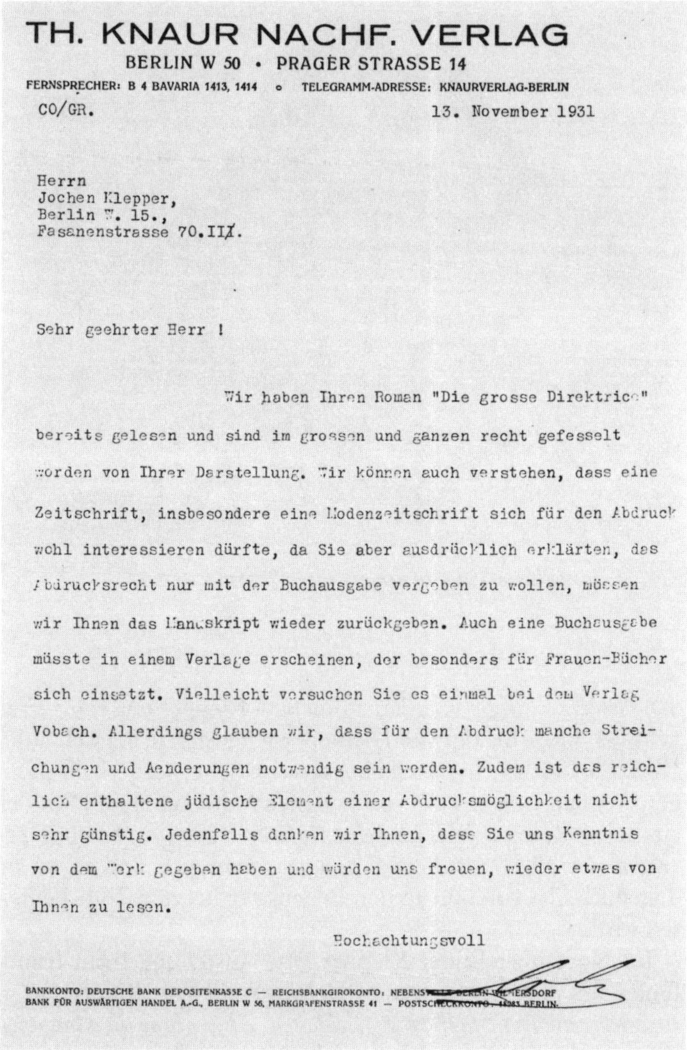

TH. KNAUR NACHF. VERLAG

BERLIN W 50 · PRAGER STRASSE 14

FERNSPRECHER: B 4 BAVARIA 1413, 1414 ○ TELEGRAMM-ADRESSE: KNAURVERLAG-BERLIN

CO/GR.

13. November 1931

Herrn
Jochen Klepper,
Berlin W. 15.,
Fasanenstrasse 70.III.

Sehr geehrter Herr !

Wir haben Ihren Roman "Die grosse Direktrice"
bereits gelesen und sind im grossen und ganzen recht gefesselt
worden von Ihrer Darstellung. Wir können auch verstehen, dass eine
Zeitschrift, insbesondere eine Modenzeitschrift sich für den Abdruck
wohl interessieren dürfte, da Sie aber ausdrücklich erklärten, das
Abdrucksrecht nur mit der Buchausgabe vergeben zu wollen, müssen
wir Ihnen das Manuskript wieder zurückgeben. Auch eine Buchausgabe
müsste in einem Verlage erscheinen, der besonders für Frauen-Bücher
sich einsetzt. Vielleicht versuchen Sie es einmal bei dem Verlag
Vobach. Allerdings glauben wir, dass für den Abdruck manche Streichungen und Aenderungen notwendig sein werden. Zudem ist das reichlich enthaltene jüdische Element einer Abdrucksmöglichkeit nicht
sehr günstig. Jedenfalls danken wir Ihnen, dass Sie uns Kenntnis
von dem Werk gegeben haben und würden uns freuen, wieder etwas von
Ihnen zu lesen.

Hochachtungsvoll

BANKKONTO: DEUTSCHE BANK DEPOSITENKASSE C — REICHSBANKGIROKONTO: NEBENSTELLE BERLIN WILMERSDORF
BANK FÜR AUSWÄRTIGEN HANDEL A.-G., BERLIN W 56, MARKGRAFENSTRASSE 41 — POSTSCHECKKONTO: 12341 BERLIN.

Abb. 7: Ablehnender Bescheid, betreffend den Roman „Die große Direktrice"

Abb. 8: Das Ullstein-Haus in den dreißiger Jahren

niäre Stütze ... außerberuflich zu suchen: Klepper und seine Frau nehmen einen Bruder des Dichters als Pensionär bei sich auf[12]. Doch die Notlage hat auch eine positive Seite – innerhalb weniger Wochen entsteht aus vorhandenen Materialien und Studien ein neuer Roman. *Weil ich keine Aufträge bekomme, kann ich den „Kahn der fröhlichen Leute" herunterschreiben*[13], notiert er im Tagebuch, das von nun an den Lebensweg bis zum Tode begleiten wird.

Im November findet Klepper eine Anstellung beim Rundfunk – um den Preis seiner SPD-Mitgliedschaft. Ihm ist, *als sei ein vorbereitendes Stadium abgeschlossen. Als beginne die Hauptzeit meines Lebens*[14]. Zuversicht und Hoffnung scheinen noch einmal über das Grundgefühl der Sorge und des Zweifels zu siegen. Als Jochen Klepper bald darauf seinen 30. Geburtstag begeht, *den ich seit Jahren schon als etwas so Geheimnisvolles im Leben des Mannes empfand*[15], sind die Nationalsozialisten bereits an der Macht.

Im Juni 1933 wird er beim Funk entlassen. *Es ist hart, denn mein Erfolg war gut, und meine Arbeit hatte einen Plan und Gehalt,* lautet die Eintragung im Tagebuch[16]. Und wenige Tage später heißt es: *Abschluß, Abschluß überall. Ich bin wie betäubt. Nicht Hanni zur Last fallen ... Mein Geld wird mich nur noch ein paar Wochen tragen. Aber ich muß meinen Kopf und meine Sinne klar halten, damit ich neu zu arbeiten vermag*[17].

Neun Jahre der Gemeinsamkeit sind Jochen Klepper und seiner Frau nun noch gegeben. Sie stehen unter der Spannung zwischen dem Ringen um nacktes Überleben und der brüchigen Gewißheit, daß zu dem „Namen", bei dem ihn Gott in der Taufe gerufen hat (Jes 43,1 ist sein Taufspruch) auch der Name gehören müsse, welchen er als Schriftsteller und Dichter zu gewinnen vermag. Darum ist die Tätigkeit beim Ullstein-Verlag, die er im Juli 1933 übernehmen kann, für ihn nur äußere Ermöglichung des Wartens auf eine neue schriftstellerische Aufgabe. *Aber nichts läßt den Weg beschleunigen, der zu einem Buche führt; und keine Station, die auf diesem Weg liegt, darf man auslassen ... der eine nennt sie „stiller werden"; der andere „sich durchkämpfen"; der eine nennt sie „warten", der andere „sich konzentrieren." Ich stehe auf der Seite der passiven Bezeichnungen*[18]. Am 13. September 1933 ist die Stunde da. Es *durchfährt* ihn *am ganzen Körper: Das ist das neue Buch! Der Vater. Die Geschichte Friedrich Wilhelms I.*[19]

Die Intensität der Arbeit an diesem Buch ist von Anfang an so groß wie vorher an keinem anderen: *Interessiert bin ich nur noch am „Vater", jeder Tag bringt Neues für das Buch. Es wird werden, trotz allem*[20]. Zu den Widerständen, die im zweiten Satz dieser Tagebuchnotiz anklingen, gehört nun aber auch und vor allem die Sorge um sein Schicksal als Schriftsteller in einem Staat, der jede – auch geistige – Regung zu erfassen und zu kontrollieren sucht. So beantragt Klepper im Dezember 1933 seine Aufnahme in den „Reichsverband Deutscher Schriftsteller", eine Untergliederung der „Reichsschrifttumskammer", denn dies ist die Vorbedingung dafür, daß sein Buch einmal wird erscheinen dürfen. Am 24. Februar des folgenden Jahres erfährt er, daß er in die Schrifttumskammer aufgenommen ist: *Das ist ja doch das Wichtigste von allem.* Jochen Klepper ahnt nicht, daß die eigentlichen Belastungen noch bevorstehen: Das Leben mit einer angeschlagenen Gesundheit, *der verteufelte Zustand*, in dem er sich *jede Zeile abquälen muß*[21]; die Verschärfung der äußeren Situation durch seine Entlassung bei Ullstein (zunächst drapiert als Kündigung durch Klepper selbst, *einer neuen „schriftstellerischen Arbeit" wegen)* im Sommer 1935; vor allem aber der Druck, unter den er geraten wird, wenn man seiner Frau und ihrer Tochter Renate das Recht auf die bloße physische Existenz streitig machen wird – den Menschen also, in deren Schicksal ihn *Gott einbezieht*[22].

Noch aber ist es nicht soweit. Noch kann er im Tagebuch festhalten, daß die „Nordschlesische Zeitung" vom Tod seines Vaters unter der Überschrift „Jochen Kleppers Vater gestorben" (5.11.1934) berichtet; noch trägt man an ihn die Bitte heran, Gedichte für eine Anthologie christlicher Lyrik zur Verfügung zu stellen *(dergleichen vermerke ich sehr dankbar*, schreibt er am 12.1.1935); noch kann er mit seiner Frau planen, ein eigenes Haus in Südende zu bauen (Frühjahr 1935). Als die Familie Ende September 1935 das *architektonisch schöne Haus* bezieht, ist das Buch in der *ersten Fassung beendet*[23], und die Mühsal der Überarbeitungen, Ergänzungen, Streichungen und neuen Überarbeitungen beginnt. Ein Jahr später geht „Der Vater" in den Satz, und noch immer nimmt Klepper Korrekturen am Text vor. *Je größer die Erschöpfung wird, desto mehr belebt nun der Gedanke, daß es wirklich dem Abschluß zugeht, daß ein Ende nun abzusehen ist*[24].

Bereits in diese vom „Vater" beherrschte Arbeitsphase hinein fällt das Entstehen des neuen Planes: ein Roman über Katharina von Bora. Und es will wie ein Gegenbild zur geahnten Vergänglichkeit des eigenen Hauses erscheinen, daß Klepper am zweiten Weihnachtstag 1936 den Titel des neuen Buches notiert: *„Das Ewige Haus"*. Spürt der Dichter, was auf ihn zukommt, als er Ende Februar 1937 Sätze aus einer Rede des Reichsministers für Volksaufklärung und Propaganda, Dr. Joseph Goebbels, im Tagebuch festhält? Es sei „das stolze Ergebnis" nationalsozialistischer Gestaltung des Kulturlebens, „daß der Reichskulturkammer ... keine Juden, keine Halbjuden und keine jüdisch versippten Mitglieder angehören ..." Wenige Tage nach der Eintragung – am 24. Februar – hält er das erste Exemplar des „Vater" in seinen Händen. Vier Wochen darauf wird Jochen

Abb. 9: Einband der ersten (zweibändigen) Ausgabe des Romans „Der Vater"

Klepper aus der Schrifttumskammer ausgeschlossen. *In solchen Stunden kann nichts gelten und geschehen als der Blick auf die Worte der Schrift* (27. März 1937). Die Losung des Tages war Jeremia *1,12:* „Ich will wachen über mein Wort, daß ich's tue." Daß sich Klepper als Dichter in diese Verheißung eingeschlossen sieht, zeigt eine Notiz anläßlich der Erinnerung an die einzige in Beuthen gehaltene Predigt (1927): *Gott gebe mir das Pfarramt und das Pfarrhaus auch als Schriftsteller*[25]. Wird aber der, dessen Wort vom alttestamentlichen Propheten weitergegeben worden war, wirklich über dem Dichter und seiner Botschaft wachen? Wie wird er es tun? Vielleicht in Gestalt der vielfältigen Aktivitäten der Freunde Kleppers und des Echos, das der „Vater" in kürzester Zeit findet. So wenden sich Schriftsteller und Freunde aus den Bereichen des Rundfunks und des Films in Briefen und persönlichen Gesprächen an die Verantwortlichen in Staat und Partei, um für Klepper eine „Sondergenehmigung" zu erwirken.

25

Und dann ist da die positive Aufnahme, die dem „Vater" zuteil wird – Klepper registriert befriedigt, daß Werner von Blomberg, der Reichskriegsminister, *von einer offiziellen Stelle der Wehrmacht den Roman in besonderem Einband nachträglich zu seinem 40-jährigen Militärjubiläum erhält*[26]. Obwohl der Ausschluß Kleppers aus der Schrifttumskammer im Buchhändler-Börsenblatt und im Fachblatt des Reichsverbandes der Deutschen Presse bekanntgemacht wird, muß der Verlag das Buch schon im Sommer 1937 neu auflegen. Nicht zuletzt mögen es diese Ereignisse gewesen sein, die Hanns Johst, den Präsidenten der Kammer, im Juni 1937 veranlassen, Kleppers Einspruch mit einer Aussetzung des Beschlusses vom März zu beantworten. So entsteht Raum für das Neue: *Stunden rascher Arbeit; Exzerpieren – indes der Kopf schon baut und baut und baut, auswählt und ablehnt*[27]. Am 6. September 1937 – Klepper befindet sich mit seiner Frau auf einer mehrtägigen Fahrt durch mitteldeutsche Städte – erhält er die sehnlichst erwartete „jederzeit widerrufliche Sondergenehmigung zur schriftstellerischen Tätigkeit", mit der man ihn zugleich auffordert, „jedes Manuskript vor der Veröffentlichung der Reichsschrifttumskammer zur Prüfung … vorzulegen"[28]. Im folgenden Monat macht Jochen Klepper erstmals von dieser Möglichkeit Gebrauch und übersendet einige Gedichte, erzählerische Skizzen und eine Buchbesprechung. Als bei Jahresende noch keine Antwort vorliegt, schreibt der Dichter an Reichsminister Goebbels. Er kann nicht wissen, daß man ihn längst nicht mehr nur als den mit einer „Volljüdin" Verheirateten, sondern auch und vor allem wegen seiner Texte mit Mißtrauen betrachtet. Das an Ps 102 anknüpfende „Neujahrslied" (es wurde nach dem Krieg ins Evangelische Kirchengesangbuch aufgenommen und steht heute auch im „Gotteslob", dem katholischen Gebet- und Gesangbuch für Deutschland und Österreich) vertritt nach Meinung des zuständigen Beamten[29] eine „absolut jüdische" Gesinnung.

Das „heutige Deutschland" dürfe „bestimmt ein Neujahrslied in einem anderen, positiveren Ton erwarten, der es nicht nötig hat, auf die knechtische Einstellung der Psalmen zurückzugreifen".

Im Frühjahr 1938 ordnet man den „Fall" Klepper unmittelbar dem Propagandaminister zu, seine Manuskripte werden

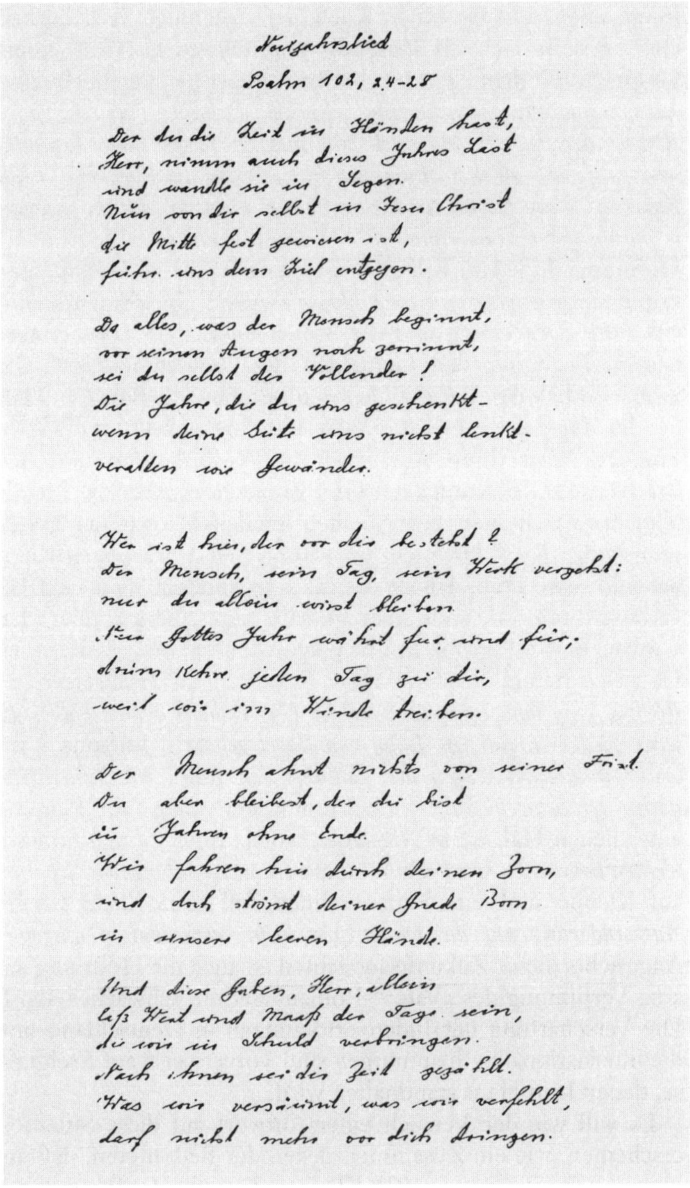

Neujahrslied
Psalm 102, 24-28

Der du die Zeit in Händen hast,
Herr, nimm auch dieses Jahres Last
und wandle sie in Segen.
Nun von dir selbst in Jesus Christ
die Mitte fest gewiesen ist,
führe uns dem Ziel entgegen.

Da alles, was der Mensch beginnt,
vor seinen Augen nach zerrinnt,
sei du selbst der Vollender!
Die Jahre, die du uns geschenkt,
wenn deine Güte uns nicht lenkt,
veralten wie Gewänder.

Wer ist hier, der vor dir besteht?
Der Mensch, sein Tag, sein Werk vergeht:
nur du allein wirst bleiben.
Nur Gottes Jahr währt für und für;
drum kehre jeden Tag zu dir,
weil wir im Winde treiben.

Der Mensch ahnt nichts von seiner Frist.
Du aber bleibest, der du bist
in Jahren ohne Ende.
Wir fahren hin durch deinen Zorn,
und doch strömt deiner Gnade Born
in unsere leeren Hände.

Und diese Gaben, Herr, allein
laß Zweck und Maaß der Tage sein,
die wir in Schuld verbringen.
Nach ihnen sei die Zeit gezählt.
Was wir versäumt, was wir verfehlt,
darf nicht mehr vor dich dringen.

Abb. 10: Manuskript des Neujahrsliedes

freigegeben, und Dr. Hugo Koch, der zuständige Sachbearbeiter[30], erweist sich als *anständig und hilfsbereit*. Nach einem Gespräch mit dem Zensor schreibt Klepper ins Tagebuch: *Toleranz, Loyalität, Zusicherung schneller Prüfung, bei Anfragen Abwehr der Angriffe auf mich; und nun taucht gar dieser Gedanke schon auf: daß all dies allmählich hinzielt auf die Rückkehr in die Kammer. Wäre Hanni ein Mischling und nicht volljüdisch, so könnte man es jetzt schon einleiten*[31]. Wunschtraum oder begründete Hoffnung? In jedem Fall darf Klepper zwei kleine Buchmanuskripte *als genehmigt mit nach Hause nehmen*: „In tormentis pinxit" und „Der König und die Stillen im Lande". Das erstgenannte Buch gilt den Gemälden des „Soldatenkönigs", das zweite enthält den Bericht über den Besuch Wilhelms I. in Halle, die Tagebuchaufzeichnungen Freylinghausens und G. A. Franckes über ihren Aufenthalt in Wusterhausen und den Briefwechsel des Königs mit Graf Zinzendorf. Aber die Freude über das Erscheinen dieser beiden Bändchen sowie der Lyriksammlung „Kyrie" ist nicht ungetrübt. Seit März wissen Klepper und seine Frau, daß sie das Haus in Südende zum 1.1.1939 verlassen müssen, weil man gemäß dem „Gesetz über den Umbau Berlins" große Straßenzüge vorsieht, wo gerade noch Häuser errichtet worden waren. *Es geht an die Fundamente des Rechtes. Und man erschauert vor der Hybris dieses armen Volkes. Es wird wieder einmal ein Turm von Babel gebaut*[32]. Johanna – ihr *bricht manchmal wegen der Zukunft der Juden in Deutschland nachts der Schweiß aus*[33] – übernimmt weitgehend die Planung eines neuen Hauses: *in Nikolassee*, wo sie noch einmal *heimisch werden könnten*[34]. Und schon taucht *ein neuer lähmender Schatten* auf: Klepper und seine Frau erkennen, daß sie *die Kinder von der Auswanderung auf die Dauer gar nicht zurückhalten dürfen*[35]. Angesichts dieser Zukunftsaussichten ist auch die Hoffnung auf eine Verfilmung des „Vater"-Romans nur ein schwacher Trost. Die Verschärfung der Judenverfolgungen in Deutschland und die internationalen Spannungen sind Vorverweise auf Ereignisse, denen kein Haus standhalten wird.

Es will wie der Versuch einer Antwort auf diese Situation erscheinen, wie ein Zusammenrücken der Bedrängten, daß am vierten Adventssonntag 1938 Kleppers Frau die Taufe empfängt und beider Ehe eingesegnet wird. *Wir mußten* – da der Pfarrer

Abb. 11: 10. November 1938: Jüdische Bürger Berlins werden unter Bewachung abgeführt

noch eine Kindertaufe zu halten hatte – *in der Brauthalle warten, und da wurde seltsamerweise plötzlich eines der schlechten, modernen Glasfenster zum großen Eindruck: Katharina von Bora und Martin Luther als Brautpaar vor Christus.* Und wenige Tage später die bange Frage: *der letzte Christbaum, den ich für die Töchter schmückte?*[36].

Als Jochen Klepper im Mai des Jahres 1939 mit seiner Frau und deren jüngerer Tochter Renate das neue Heim einrichtet – *dieses Haus ist erbetet*, schreibt er nach dem Einzug –, ist Brigitte, die ältere Tochter, bereits emigriert. Ein Vierteljahr später beginnt der Zweite Weltkrieg. Klepper hört die Übertragung der Reichstagsrede Hitlers und erschrickt: *Kein Wort von Gott in dieser Stunde. Das ist der stärkste Eindruck dieses bitterschweren Tages. Es mag ehrlicher so sein; aber nun wird erst allen bewußt werden, was mit Deutschland ist.* Bewußt wird es in jedem Fall den Juden und denen, die mit dem Schicksal der Juden verbunden sind. Klepper versucht über seine Kontakte mit dem Züricher Kirchenmusiker Walter Tappolet die Ausreise für Renate zu erwirken – vergeblich. Als sie durch das Arbeitsamt erfaßt wird,

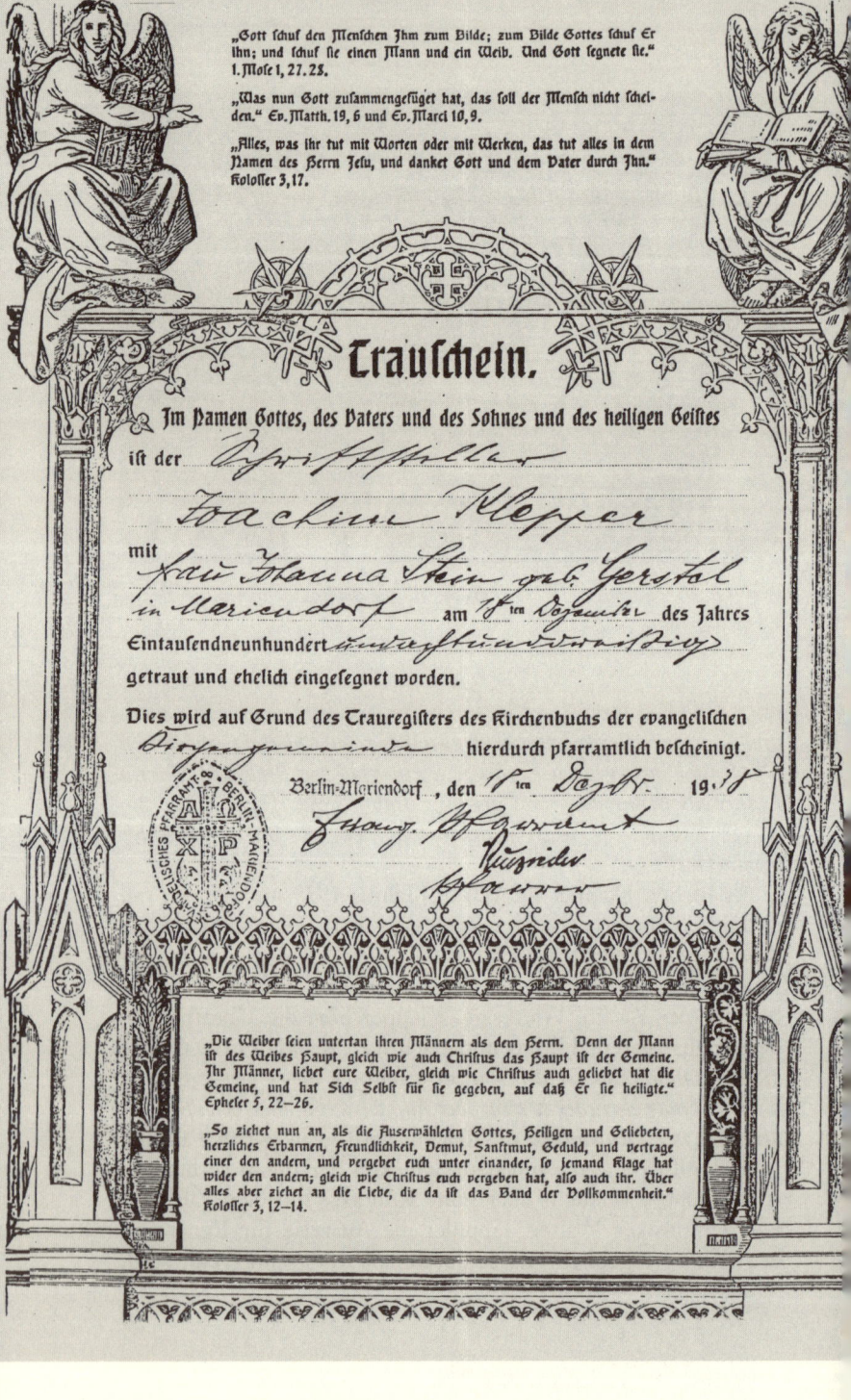

Trauschein.

Im Namen Gottes, des Vaters und des Sohnes und des heiligen Geistes

ist der *Schriftsteller*

Joachim Klepper

mit *Frau Johanna Stein geb. Gerstel*

in *Mariendorf* am *18ten Dezember* des Jahres

Eintausendneunhundert *achtunddreißig*

getraut und ehelich eingesegnet worden.

Dies wird auf Grund des Trauregisters des Kirchenbuchs der evangelischen
Diözesangemeinde hierdurch pfarramtlich bescheinigt.

Berlin-Mariendorf, den *18ten Dezbr.* 19*38*

Evang. Pfarramt
Vorsitzer
Pfarrer

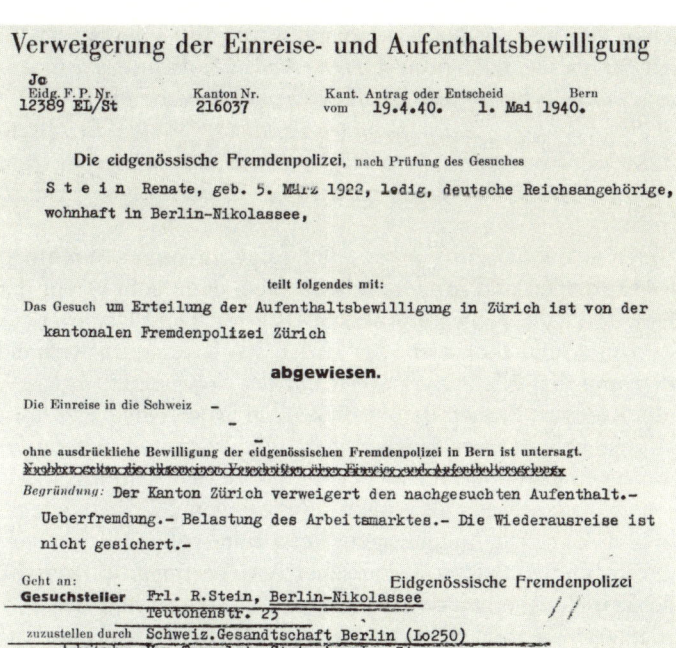

Verweigerung der Einreise- und Aufenthaltsbewilligung

Jo
Eidg. F. P. Nr.   Kanton Nr.   Kant. Antrag oder Entscheid   Bern
12389 EL/St   216037   vom 19.4.40.   1. Mai 1940.

Die eidgenössische Fremdenpolizei, nach Prüfung des Gesuches

S t e i n Renate, geb. 5. März 1922, ledig, deutsche Reichsangehörige,
wohnhaft in Berlin-Nikolassee,

teilt folgendes mit:

Das Gesuch um Erteilung der Aufenthaltsbewilligung in Zürich ist von der
kantonalen Fremdenpolizei Zürich

abgewiesen.

Die Einreise in die Schweiz

ohne ausdrückliche Bewilligung der eidgenössischen Fremdenpolizei in Bern ist untersagt.

Begründung: Der Kanton Zürich verweigert den nachgesuchten Aufenthalt.-
Ueberfremdung.- Belastung des Arbeitsmarktes.- Die Wiederausreise ist
nicht gesichert.-

Geht an: Eidgenössische Fremdenpolizei
Gesuchsteller Frl. R.Stein, Berlin-Nikolassee
                   Teutonenstr. 23
zuzustellen durch Schweiz.Gesandtschaft Berlin (Lo250)
Arbeitgeber Hrn.Tappolet, Steinwiesstr. 54
                        Siehe Rückseite

Abb. 13: Erste Ablehnung des Einreisegesuchs für Renate Stein

wächst die Sorge der Eltern: *durch die Konstellation des „arischen Haushaltes" schien sie aus allen Listen verschwunden; daß man sie für den Arbeitseinsatz vorsieht, läßt fürchten, ihr Name werde auch in den für eine Deportation anzulegenden Listen erscheinen. Das ist so schwer: kein eigenes Kind zu haben; sein Stiefkind so zu lieben … und es dann in dieser entsetzlichen, wachsenden Bedrohung zu wissen*[37].

Ein Jahr nach Kriegsausbruch muß Klepper zur Musterung erscheinen – sein Jahrgang war im ersten Kriegsjahr noch zurückgestellt worden –, und am 3. Dezember 1940 wird er einberufen. *Ich gehe, Gott befohlen; und ich befehle Gott das Meine an.*

◁ *Abb. 12: Urkunde über die kirchliche Trauung*

Schon bei Beginn der Kampfhandlungen (im Oktober 1939) hatte er im Tagebuch notiert: *Hätte man nicht die quälende Erfahrung hinter sich, wie mit den Witwen und Kindern im Weltkrieg gefallener deutscher Juden, jüdischen Frontkämpfern und Kriegsverletzten verfahren wurde, man müßte meinen, daß ich niemals einen so starken Schutz für Hanni – und Reni? – bedeuten könnte wie als Soldat.*

Der Ausbildung in Fürstenwalde folgt ein kurzer Aufenthalt in Ostpreußen und im nördlichen Polen, dann geht es mit der Bahn durch die Tschechoslowakei, Österreich und Ungarn nach Rumänien und Bulgarien. Als Hitler den Krieg nach Rußland trägt und den Nichtangriffspakt mit der Sowjetunion bricht[38], folgt Kleppers Einheit der vorrückenden Front. Auch jetzt führt er Tagebuch; es enthält neben geographischen und meteorologischen Angaben immer wieder minutiöse Beobachtungen und – wenn auch seltener als vorher – Reflexionen über sein Schicksal und das seiner Angehörigen. Verständnisvolle Offiziere vermitteln ihm Aufgaben literarischer Art: Vorträge, Unterricht, die Erstellung eines Berichtes über den Nachschub der 176. Infanterie-Division während der ersten beiden Kriegsjahre. Um so schwerer trifft ihn der *Bescheid des Wehrmeldeamtes*, er *müsse unverzüglich entlassen werden*[39]. Die schwache Hoffnung, als Kriegsberichterstatter bei einer „Propaganda-Kompanie" Soldat bleiben zu können, erweist sich als trügerisch; denn schon im April 1940 hatte Hitler selbst angeordnet, „jüdische Mischlinge" oder „Arier", die mit Mischlingen oder gar Jüdinnen verheiratet sind, seien aus der Wehrmacht zu entlassen. *Ich kann nicht wie andere, wenn sie aus dem Krieg heimkehren, sagen: „Nun beginnt ein neues Leben". In welches irdische Dunkel gehe ich!*[40]

Die Zeit nach der Rückkehr ins Zivilleben ist vor allem bestimmt von immer neuen Versuchen, wenigstens Renate Stein zu retten. Den Raum dafür gewährt ein Schreiben, das Klepper von einem prominenten Leser des „Vater"-Romans, Reichsinnenminister Dr. Frick, nach einem persönlichen Gespräch erhält. Dieser „Schutzbrief", wie Klepper das Papier nennt, bescheinigt ihm, daß er sich wegen der Stieftochter und ihrem Verbleiben in der Familie keine Sorgen zu machen brauche. Sie falle „nicht unter die Maßnahmen, die in Verbindung mit dem Evakuierungsprogramm zur Zeit durchgeführt wer-

Abb. 14/15: Pfarrer Kurt Meschke (1901–1971); er kam 1929 zum Ev. Presseverband und lernte dort Jochen Klepper kennen.
Dr. phil. Eva-Juliane Meschke, geb. Anker, gab 1960 Kleppers Briefe an sie und ihren Mann heraus.
Das Ehepaar Meschke emigrierte im Februar 1939 mit seinen Kindern nach Schweden.

den"[41]. Die doppeldeutige Formel „zur Zeit" läßt gleichwohl Eile geboten erscheinen. Obwohl Klepper *für Renates Ausreise eine Zusicherung von einer hiesigen sehr hochgestellten und maßgebenden Persönlichkeit erhalten hat*[42], laufen die Bemühungen um Zuflucht bei den schweizerischen Freunden ins Leere. Am 11.2.1942 lehnt die Züricher Fremdenpolizei, am 19.2.1942 das Emigrantenbureau der Eidgenössischen Fremdenpolizei Bern die Einreise Renates ab. Siebenunddreißig Jahre nach den Ereignissen schreibt Walter Tappolet, es sei ihm „bis zur heutigen Stunde nicht gelungen …, mit den furchtbaren Folgen des negativen Entscheides … innerlich fertig zu werden, wie der vielsagende Ausdruck heißt"[43]. So bleibt nur noch die vage

Abb. 16: Dr. Frick gratuliert Hitler zum Geburtstag 1938

Hoffnung, durch Vermittlung diplomatischer und kirchlicher Persönlichkeiten Renates Übersiedlung zu dem mit Klepper befreundeten Pfarrerehepaar Meschke in Schweden zu bewerkstelligen. In der Zwischenzeit zieht sich das Netz auch um Klepper selbst immer enger zusammen. Dr. Koch vom Propagandaministerium, der die Vorlagepflicht für Kleppers Manuskripte ausgesetzt hatte, wird einberufen, und an seine Stelle tritt *ein rigoroser SS-Mann. Dieser Wechsel ist für mich so wichtig, daß ich keinerlei kleine Manuskripte mehr einreichen werde ... und ...*

nur am ‚Ewigen Haus' arbeite: auf qualvolle Weise[44]. Im Juli 1942 findet Klepper, den die Behörden dienstverpflichten wollen, ein Unterkommen beim Reimer-Verlag, wo man ihm auch dazu verhilft, weiterhin einen Freiraum für seine eigene Arbeit zu behalten. Aber der Hintergrund dieses Alltags im Windschatten der Kriegsereignisse – Kleppers ehemalige Kameraden liegen vor Stalingrad – ist die furchtbare Sorge um Frau und Tochter. *Deportationen, Deportationen – die Alten; die Kranken. Und nichts mehr Gerücht, sondern Menschen, die man kennt*[45].

Am 5. Dezember 1942 erfährt Klepper, daß Schweden die Einreiseerlaubnis für Renate erteilen werde. Es ist der gleiche Tag, an dem ein Telegramm Nachricht von der Geburt einer Enkelin gibt: die in England lebende Brigitte hat eine Tochter zur Welt gebracht – Katharina, *nach Katharina von Bora*, wie es das Tagebuch vermerkt. Wenige Tage später ist Klepper bei Minister Frick: *er will Renate aus Deutschland heraushelfen. Aber hier kann er sie nicht mehr schützen. Niemand kann es.*

Klepper hält eine Bemerkung des Ministers wörtlich im Tagebuch fest: „Noch ist Ihre Frau durch die Ehe mit Ihnen geschützt. Aber es sind Bestrebungen im Gange, die die Zwangsscheidung durchsetzen sollen. Und das bedeutet nach der Scheidung gleich die Deportation des jüdischen Teils." Der ohnmächtige Gefolgsmann Hitlers mit dem Impuls zu menschlichem Handeln kann nur noch dazu raten, auch Johanna möge versuchen, nach Schweden zu gehen; er gibt sogar *die Zusicherung, ihr zur Ausreise zu verhelfen.*

Doch zu all dem kommt es nicht mehr. Zweimal, am 9. und am 10. Dezember 1942, verhandelt Klepper mit Eichmann vom Sicherheitsdienst; aber trotz Fricks Befürwortung verweigert man Renates Ausreise. In der Nacht nach dem zweiten Gespräch gehen die drei Menschen in den Tod.

EHE UND FAMILIE

Am 11. März 1933, also nur wenige Wochen nach der Macht-
übernahme durch die Nationalsozialisten, schreibt Klepper ins
Tagebuch:

*Es ist eine furchtbare Unruhe, ein furchtbarer Druck, eine furcht-
bare Isolierung – eine furchtbare Schwächlichkeit, eine furchtbare
Angst um die Existenz –*

*Das alles möchte ich auf eine Seite schreiben. Auf die nächste: Han-
ni. Die Kunst – Auf die nächste: Gott.*

Ein seltsames Triptychon – die Leidenserfahrung bedrohter
Existenz, die geliebte Frau und das eigene Werk, der Glaube.
Fast fühlt man sich an Léon Bloy erinnert, der seiner Freundin
und späteren Frau Jeanne Molbech einmal schrieb[1]: „Ich liebe
Gott in Ihnen, durch Sie hindurch …, ich liebe Sie vollkommen
in Gott, wie ein Christ seine Frau lieben soll; die Idee, diese
zweieinige Flamme der Liebe auseinanderzureißen, das ist für
mich eine Klügelei, eine Grübelei, die mir überhaupt nicht in
den Sinn kommt." Bloys Liebe ist nicht teilbar – so, wie sein
Glaube nicht teilbar ist. Auch Jochen Kleppers Beziehung zu
seiner Frau ist nicht abzulösen von den „anderen" Bereichen
seines Lebens – und weil sein Leben unteilbar ist, darum ist
auch sein Glaube ein Ganzes: lebendig wirksam im Hinhören
auf die Bibel und im Weitersagen des Gehörten durch das
Medium der Dichtung, wirksam aber zugleich in der Art des
Erlebens seiner Situation, wirksam schließlich (wie in einem
Herzstück) in seiner Beziehung zu Johanna Stein.

In einem Brief an seinen Breslauer Lehrer Rudolf Hermann
– auf die Begegnung mit Hermann geht wohl Jochen Kleppers
starke Beziehung zur Theologie Luthers zurück – berichtet er
fast nüchtern: *Wir haben uns kennengelernt, als ich in Berlin und
Paris in einigen großen Modehäusern die Studien zu meinem Roman
trieb. Meine Frau ist eine geborene Gerstel, stammt also aus einer der
deutschen „Modedynastien". Sie spricht im Rundfunk über Mode, und
aus unserer gemeinsamen Arbeit ist unsere Ehe geworden. Daß sie,
obwohl Jüdin, seine theologischen Interessen ganz teilt,* erwähnt er
ausdrücklich – und dazu die beiden *reizenden klugen, kleinen
Töchter, an denen ich sehr hänge*[2]. Das Wort „kennengelernt" in
Kleppers Rückblick auf den Beginn des zueinanderführenden

Abb. 17: Johanna Stein in Breslau

Weges will wörtlich verstanden werden, denn das – äußerlich gesehen – erste Zusammentreffen mit Johanna Stein ergab sich über gemeinsame Bekannte und führte im Juni 1929 dazu, daß er ein Zimmer im Hause seiner späteren Frau mietete.

Gelegentliche Äußerungen im Tagebuch lassen erkennen, wie für Klepper hinter der scheinbar zufälligen Kreuzung beider Lebenswege mehr steht: ein Sinnzusammenhang, der sein Freiwerden von den elterlichen Hoffnungen und Plänen ebenso umgreift wie die Bedrohung durch den Judenhaß im Deutschland des „Dritten Reiches". *Keines der Probleme ... meines Lebens ist gelöst, ja in Nichts aufgelöst worden, ohne daß die Lösung nicht ein völlig neues, noch schwereres in sich barg; das entscheidende Beispiel bleibt: Rettung vor Beuthen durch die Ehe; und was die Ehe dann zu völlig ungewöhnlichem Schweren (diese glückliche Ehe!) brachte, liefert alles Eigene immer wieder dem Zusammenbruch aus ... Und dann tritt Gott vor einen und läßt einem sagen, daß er einen den rechten Weg leiten will ...*[3] Die Formel „Rettung

37

Abb. 18: Johanna mit der älteren Tochter Brigitte (Berlin-Südende)

vor Beuthen durch die Ehe" zeigt einen Ablösungsprozeß an, der für Klepper selbst ebenso schmerzhaft gewesen sein mag wie für seine Eltern. In der Erinnerung an den ersten längeren Besuch, den er mit seiner Frau in Beuthen macht, hält er das fest: *Noch nie hatte ich so wie jetzt gewußt, wie sehr ich mit Beuthen abgeschlossen habe ... Es war wie zu Weihnachten nach der Kinderzeit: das Herz wurde nicht mehr weit.* Und dann der Satz: *Viel schwerer war, daß es sich mit den Eltern auch so verhielt*[4]. Was er zu Hause gar nicht mehr empfangen konnte, weil sein eigener Weg die vorgeplanten und vorgebahnten Spuren längst verlassen hatte, empfing er – „selbst noch weich und bildbar" – bei der „bereits klar geprägten Frau"; sie gab ihm „nach Jahren innerer Wirren ... Ruhe und Bestätigung"[5]. Für ihn selber galt, was er am 14. August 1936 als Äußerung seiner Frau im Tagebuch festhält. *Das Schönste, was eine Frau erleben kann, ist mir ja doch zuteil geworden: wirklich als das gekannt zu sein, was man ist, und mit den Widersprüchen und Mängeln geliebt zu werden.*

Diese Erfahrung von Angenommensein sucht sich im Leben Kleppers und der Seinen auf vielfältige Weise auszusprechen –

Abb. 19: Renate, die jüngere Tochter

bis hinein in die scheinbar äußerlichste Gestaltung des Zusammenlebens: der beiden Ehepartner zunächst, dann aber auch die Kinder, vor allem Renate, die im Elternhaus gebliebene, einschließend. *Neulich sagte Hanni: „Der Tag beginnt erst, wenn du nach Hause kommst." Und heute: „Der schönste Moment am Tage ist, wenn du heimkommst." Was will ich denn mehr vom Leben? Diese Liebe ist so groß, daß ich sie mir gar nicht vorstellen kann.* Solche *Zärtlichkeit* bleibt Jochen Klepper auch in der zunehmenden Bedrängnis als *Grundlage* des *Lebens und Schreibens*[6] bewußt, wenn er am Heiligabend des Jahres 1938 im Tagebuch festhält, Renate habe immer wieder ihre Hand in die seine gelegt, oder in der Beschreibung des letzten Geburtstags (1942), an dem es sichtlich das Erleben der wechselseitigen herzlich-liebevollen Zuwendung ist *(als die Morgenglocken läuteten, … hörte ich die Frauen schon Blume auf Blume, im Keller bereitgehalten, heraufholen)*, das für Johanna den inzwischen drohenden *Gedanken an den Selbstmord wieder ferner rückt.*

In all dem zeigt sich, daß die Beziehung zwischen Jochen Klepper und seiner Frau eine ethische, ja, eine existentielle

39

Kraft besitzt, der sich Klepper in seinem ganzen Personsein, als zu sich selbst findender, seinen eigenen Weg bestimmender und diesen Weg vertrauensvoll gehender Mann verdankt. *Wäre ich nicht in Hannis Leben gekommen: es wäre das erst finanziell behütete, dann eingeschränktere Leben einer Frau geworden, die jung Witwe wurde, und nur noch mit ihren Kindern lebte; etwas sehr Normales. Wäre Hanni nicht in mein Leben gekommen, es wäre, was datenmäßig bestimmbar ist, eine Familienkatastrophe, krank, wirr und geängstigt geworden*[7].

Was Wunder, daß Klepper seine Schaffenskraft schwinden sieht, als die Maßnahmen der Machthaber in das Zusammenleben der Ehegatten eingreifen. *Juden dürfen ohne Genehmigung der Geheimen Staatspolizei ihren Wohnort nicht verlassen. Abends haben sie sich in ihren Wohnungen aufzuhalten* (Tagebucheintragung vom 6. November 1939)[8]. So wendet sich Klepper im Dezember des gleichen Jahres an den „Reichskulturwalter" Hans Hinkel im Propagandaministerium, der seit 1935 „Sonderbeauftragter für die Überwachung und Beaufsichtigung aller im Deutschen Reichsgebiet lebenden nichtarischen Staatsangehörigen auf künstlerischem und geistigem Gebiet" ist. Ihm sei *die Möglichkeit genommen* worden, *noch gemeinsam* mit seiner Frau zu *reisen und an kulturellen Veranstaltungen teilzunehmen*, und er bittet Staatsrat Hinkel um Hilfe *in dieser niederdrückenden Situation*. Der Brief enthält zugleich einen Hinweis auf die wirtschaftliche Lage der beiden Menschen[9]: *Was aber die Bekleidungs- und Ernährungsfragen für meine Frau betrifft, so geht es ja nun um die primitivsten Sorgen, die sich auf alle künstlerische* Arbeit *lähmend auswirken müssen*[10].

Diese Sorgen um die äußere Existenz – sie erscheinen wie vorweggenommen in den Träumen von *Verschüttung in Sandgruben*, von *mühevollem Kriechen durch dunkle endlose Schächte, von Verbrennungen* und *Messerstichen*[11] – hatten sich am Anfang seiner schriftstellerischen Laufbahn konkretisiert in der Angst, seiner Frau *Hanni zur Last zu fallen*[12], später (gegen Ende der Arbeit am Roman „Vater") im Zweifel, *ob ich je wieder erstatten kann, was jetzt für mich ausgegeben werden muß*[13]. Nun, nach Beginn der Verfolgungs- und Unterdrückungsmaßnahmen, verdichten sich die Sorgen zur nackten Angst um das physische Überleben der Frau (und ihrer Tochter), für die

Gesetz zum Schutze des deutschen Blutes und der deutschen Ehre
Vom 15. September 1935

Durchdrungen von der Erkenntnis, daß die Reinheit des deutschen Blutes die Voraussetzung für den Fortbestand des Deutschen Volkes ist, und beseelt von dem unbeugsamen Willen, die Deutsche Nation für alle Zukunft zu sichern, hat der Reichstag einstimmig das folgende Gesetz beschlossen, das hiermit verkündet wird:

§ 1

(1) Eheschließungen zwischen Juden und Staatsangehörigen deutschen oder artverwandten Blutes sind verboten. Trotzdem geschlossene Ehen sind nichtig, auch wenn sie zur Umgehung dieses Gesetzes im Ausland geschlossen sind.

(2) Die Nichtigkeitsklage kann nur der Staatsanwalt erheben.

§ 2

Außerehelicher Verkehr zwischen Juden und Staatsangehörigen deutschen oder artverwandten Blutes ist verboten.

§ 3

Juden dürfen weibliche Staatsangehörige deutschen oder artverwandten Blutes unter 45 Jahren in ihrem Haushalt nicht beschäftigen.

§ 4

(1) Juden ist das Hissen der Reichs- und Nationalflagge und das Zeigen der Reichsfarben verboten.

(2) Dagegen ist ihnen das Zeigen der jüdischen Farben gestattet. Die Ausübung dieser Befugnis steht unter staatlichem Schutz.

§ 5

(1) Wer dem Verbot des § 1 zuwiderhandelt, wird mit Zuchthaus bestraft.

(2) Der Mann, der dem Verbot des § 2 zuwiderhandelt, wird mit Gefängnis oder mit Zuchthaus bestraft.

(3) Wer den Bestimmungen der §§ 3 oder 4 zuwiderhandelt, wird mit Gefängnis bis zu einem Jahr und mit Geldstrafe oder mit einer dieser Strafen bestraft.

§ 6

Der Reichsminister des Innern erläßt im Einvernehmen mit dem Stellvertreter des Führers und dem Reichsminister der Justiz die zur Durchführung und Ergänzung des Gesetzes erforderlichen Rechts- und Verwaltungsvorschriften.

§ 7

Das Gesetz tritt am Tage nach der Verkündung, § 3 jedoch erst am 1. Januar 1936 in Kraft.

Nürnberg, den 15. September 1935, am Reichsparteitag der Freiheit.

Der Führer und Reichskanzler
Adolf Hitler
Der Reichsminister des Innern
Frick
Der Reichsminister der Justiz
Dr. Gürtner
Der Stellvertreter des Führers
R. Heß
Reichsminister ohne Geschäftsbereich

Reichsgesetzblatt I S. 1146 Nr. 100 vom 16. September 1935.

19

Abb. 20: Aus: Hansjoachim Lemme, Die Stellung der Juden im Großdeutschen Reich – mit einem Leitaufsatz von Reichsminister Dr. Wilhelm Frick (Berlin und Wien 1940)

er sich verantwortlich weiß. Kaum *fasse ich, wie Hanni und ich so ruhig sind*[14]. Ist es anfangs das Bedürfnis, die tatsächliche oder vermeintliche Abhängigkeit von den finanziellen Mitteln seiner Frau zu verringern, wenn er auf schriftstellerischen *Erfolg* aus ist (er *allein schafft Geld*, schreibt Klepper im April *1933)*, so braucht er vom Frühjahr *1939* an seine Einkünfte immer wieder, um für seine Frau die auferlegten Kontributionen zahlen zu können[15] – und das, obwohl sie den ganzen Rest ihres Vermögens auf ihn übertragen hat. Was Jochen und Johanna Klepper ihr Eigen nennen, gilt bereits seit Juni 1938 als „jüdisches" Vermögen, und *jedes Silberschälchen, jeder Honoraraußenstand muß hinein ... Von nun an gibt es keine freie Verfügung mehr über unseren Besitz, auch nicht über künftige Ersparnisse und Erwerbungen, da jede Vermögens-Veränderung sogleich angezeigt werden muß*[16].

Spekulieren die Machthaber darauf, daß durch Maßnahmen dieser Art die „arischen" Ehepartner zur Scheidung veranlaßt werden können? Unmittelbar nach dem mißglückten Attentat auf Hitler im November 1939 setzt eine Hetzkampagne ein, die Klepper mit schlimmsten Befürchtungen verfolgt. *Am Morgen noch* (gemeint ist der 10. 11. 1939) *vermied die DAZ, das Attentat in Beziehungen zum Judentum zu setzen ... In der Abendausgabe ist nun die Propaganda ganz groß aufgenommen: Juden, Juden, Juden! Und bereits ein Vorschlag, für den arischen Partner einer Mischehe noch eine „Anfechtungsfrist" für ein Jahr zu geben, damit er seine Ehe scheiden lassen kann und „die endgültige Bereinigung des jüdischen Problems möglich wird"*[17].

In der Tat haben auch die beiden Eheleute sehr früh schon die Möglichkeit einer Trennung erwogen. Eine Tagebuchnotiz vom September 1933 lautet: *Hanni will sich durchaus scheiden lassen, um mich für meine „Karriere" freizubekommen. Ich tue an ihr ein Unrecht, daß ich nicht einwillige und dadurch besser für unsere Existenz sorge. Aber es ist keine falsche Moral, die mich hält.* Was ihm eine solche Lösung verbietet, präzisiert er einen Tag später, am 8. September 1933: *... ich will für mich keine Karriere, die mit solchen Mitteln erkauft wäre. Gewiß, ich will nie und nimmer moralisch handeln. Aber hier käme es mir vor, als verriete man die Anrede Gottes ... was „verlange" ich von Hanni? Was Christus von den Juden „verlangte"?*

42

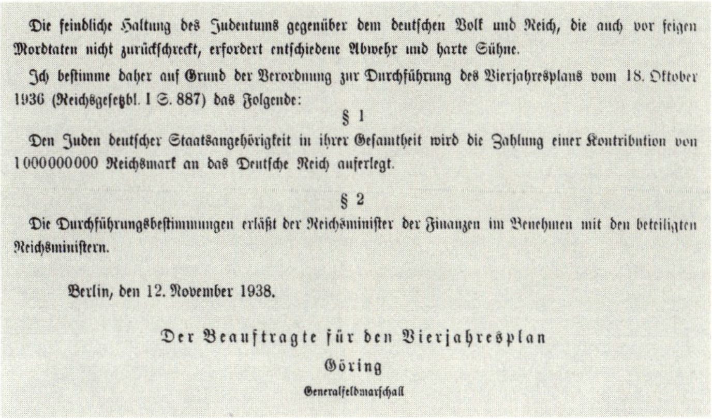

Die feindliche Haltung des Judentums gegenüber dem deutschen Volk und Reich, die auch vor feigen Mordtaten nicht zurückschreckt, erfordert entschiedene Abwehr und harte Sühne.

Ich bestimme daher auf Grund der Verordnung zur Durchführung des Vierjahresplans vom 18. Oktober 1936 (Reichsgesetzbl. I S. 887) das Folgende:

§ 1

Den Juden deutscher Staatsangehörigkeit in ihrer Gesamtheit wird die Zahlung einer Kontribution von 1 000 000 000 Reichsmark an das Deutsche Reich auferlegt.

§ 2

Die Durchführungsbestimmungen erläßt der Reichsminister der Finanzen im Benehmen mit den beteiligten Reichsministern.

Berlin, den 12. November 1938.

Der Beauftragte für den Vierjahresplan

Göring

Generalfeldmarschall

Abb. 21: Verordnung über die „Sühneleistung" der Juden vom 12. November 1938

Das Wort Christi an „die Juden" aber – genauer: an die Menschen, zu denen er kommt, um sie zu heilen – ist das Wort der Treue und der Zuneigung Gottes; so kann auch das Wort des Christen zum Mühseligen und Beladenen neben ihm nur das Wort der Treue und Zuneigung sein, die auch in tödlicher Bedrohung nicht endet.

Man fühlt sich an Paul Gerhardts Nachdichtung des „Salve, caput cruentatum" erinnert, in dem das Gebet des Glaubenden und die Zusage Jesu Christi fast ausgetauscht werden können:

Ich will hier bei dir stehen;
verachte mich doch nicht!
Von dir will ich nicht gehen,
wenn dir dein Herze bricht;
wenn dein Haupt wird erblassen
im letzten Todesstoß,
alsdann will ich dich fassen
in meinem Arm und Schoß.

Wo so die Liebe am Geliebten festhält, wird das äußere Schicksal nicht einfach in Glück verkehrt, aber der Mensch gewinnt Kraft, in den Widerfahrnissen standzuhalten. Klepper drückt

43

Abb. 22/23: Jochen und Johanna Klepper nach Kriegsausbruch

eben dies aus, indem er der erwähnten Tagebuchstelle ein Wort Luthers anfügt, das ihn auch später immer wieder bewegt: *Gott reißt das Übel nicht von der Person, sondern die Person vom Übel*[18]. Darum ist für Klepper die Entscheidung *Ehe oder Vaterland*, vor die man ihn 1938 stellt, die Grenze – bei aller *Fügsamkeit*, die er den Behörden gegenüber an den Tag legen zu müssen meint[19]. Das wissen auch die Menschen, die ihn näher kennen.

Als Dr. Karl Pagel von der Deutschen Verlags-Anstalt im September 1938 vom Geschäftsführer der Reichsschrifttumskammer hört, man wolle über Kleppers Wiederaufnahme *gegen den Preis der Scheidung* verhandeln, kann er nur sagen: *Für manche Ehen käme ein solches Ansinnen in Frage, für diese nicht*[20]. Ähnlich die Äußerung von Major Eras, dem Vorgesetzten Kleppers während der Dienstzeit in der Wehrmacht, der ihm *dreierlei hoch anrechnet: „... den ,Vater', die Festigkeit in den Dingen des Christentums und die Treue in der Ehe, bis der Tod euch scheidet!* Und Klepper selbst weiß: *Diese Worte der Kirche hätten, wären wir nicht kirchlich nachgetraut worden, über unserem Leben nicht gestanden*[21]. Solche entschiedene Treue gegen alle Bedrohungen durch das in einer unmenschlichen Ideologie gründende System – zuzeiten als *Last* empfunden und als *eine Kette, an der man sich wohl wundtragen kann*[22] –, solche Gewißheit, gerade in der gefährdeten Ehe unter Gottes unmittelbarem Auftrag zu stehen, verführt Klepper gleichwohl nicht zu tatenlosem Abwarten. So sieht er eine deutliche Chance für die Erhaltung seiner Ehe (wie zugleich für den Schutz Renate Steins) in der Einberufung zur deutschen Wehrmacht, lehnt aber *auch hier prophylaktische Gedanken ab*[23]. Sich dem Willen Gottes zu stellen, das heißt für ihn zuerst: ganz in der Gegenwart zu leben und sie als Stunde der Begegnung mit Gottes Treue anzunehmen. Inwieweit dieses – mindestens punktuelle – Aufgehen in der Gegenwart gelegentlich in die Nähe einer „äußersten Konformität" gerät und darum als unbedenkliche Einfügung in „Reih und Glied" gedeutet werden kann, dürfte aus unserer Sicht – aus der Sicht der Ungefährdeten heraus – kaum zu entscheiden sein. Vielleicht gibt es Belastungen, unter denen die Grenzen zwischen einer Gelassenheit aus Glauben und dem Rückzug auf „unpolitische Innerlichkeit"[24] nicht mehr genau zu bestimmen sind – und am allerwenigsten durch Außenstehende oder gar später Lebende. Allein in diesem Zusammenhang mag auch zu verstehen sein, wenn Klepper manche seiner Erlebnisse während des Soldatseins zugleich als Möglichkeiten der Selbstbestätigung wahrnimmt: so etwa, daß er sich auf dem zweiten Geländeritt *tadellos gehalten haben soll*, oder als er erfährt, er wäre abkommandiert zu literarischem Sonderauftrag: *„Der Nachschub 176 im Kriege 1939/41"* – schon fünfmal von *OKW/OKH von den rückwärtigen Diensten angefordert und noch unbearbeitet* ... Ein abendlicher Vortrag vor Offizieren, nach dem er seinen *Platz neben dem Major* findet, oder die Glückwünsche des Adjutanten zu *den Proben für das Propagandaministerium*[25] (man hatte auf seine Bewerbung um PK-Dienst hin „Stilproben" angefordert) verschaffen ihm nicht nur das Gefühl, auf seine Art doch so etwas wie ein guter Soldat zu sein[26], sondern zeitweise sogar einen Optimismus, der ihm beinahe den Blick für die Realitäten trübt. Zwei Monate nachdem er erfahren hat, *daß ... Männer nichtarischer Frauen aus dem Heer ausscheiden müßten* (21.5.1941), genügt *die freundliche, selbstverständliche, artige Begrüßung* durch einige Ärzte, die den „Vater" gelesen haben, ihn in zuversichtlichste Stimmung zu versetzen: So *schön ist alles, alles. Gott führt mich so wunderbar durch den Krieg. Gott ist kein Quäler; er prüft nur, seine Treue zu*

*Abb. 24: Mitten unter uns: Abtransport jüdischer Bürger in Gailingen 1941
(Original: Yad Vaschem, Jerusalem)*

bewähren. Er wird mir im Hinblick auf die Meinen keine furchtbare Heimkehr bereiten[27].

Seine Frau nimmt indessen sehr viel nüchterner wahr als er, was in Wirklichkeit geschieht. Seine Hoffnung, Johanna und ihre Tochter als Soldat beschützen zu können, ist für sie zum gleichen Zeitpunkt bereits eine „Illusion", die sie ihm allerdings „nicht rauben will"[28]. Das braucht sie auch nicht zu tun: Diese seine Hoffnung zerbricht Stück um Stück im Spätsommer 1941, und am 22. September erfährt er endlich definitiv, er *müsse unverzüglich entlassen werden*. Schon kurz vorher hatte er sich über mögliche Motive der Machthaber Gedanken gemacht. Man will *Mischehen-Soldaten ... nicht verpflichtet sein: auch denen nicht, die schon Polen, Frankreich, den Balkan, Rußland mitgemacht haben. Man will freie Hand* haben bei der Verfolgung des selbstgesteckten Ziels: *Die Juden müssen weg*. Wenige Tage darauf schreibt Klepper ins Tagebuch, er habe *Furchtbares von Augenzeugen der rumänischen Pogrome gehört: Keine Unterschiede gegenüber Frauen und Kindern, Kranken, Alten*.

So empfindet er bei der Rückkehr wie zu keinem Zeitpunkt vorher die eigene Ohnmacht gegenüber den Gefahren, die das Leben von Frau und Tochter bedrohen.

Er empfindet sie doppelt schwer angesichts der Tatsache, daß es nach Brigittes Ausreise nur noch *das Kindlein* Renate ist, die ihm die eigene Tochter ersetzen muß, weil *die Familie ... ohne das so leidvoll ersehnte Kind geblieben war*[29]. Wie sehr er darum an diesem heranwachsenden Mädchen hängt, schimmert im Tagebuch immer von neuem durch: zum Beispiel an ihrem 17. Geburtstag (5. 3. 1939), als er „seinem Renerle" *den Geburtstagstisch mit Ostereiern, Goldbändern, Frühlingszweigen und Frühlingsblumen aufbaut* und hofft, daß die *eleganten Dinge,* die sie als Geschenke erhielt, *noch nicht für Renerles Auswanderung sind –* aber vielleicht noch stärker dort, wo er unter dem Eindruck der antijüdischen Maßnahmen *nicht mehr anders kann, als* sich *Renates Auswanderung zu wünschen*[30]. Als er registrieren muß, daß sie in Deutschland nicht einmal mehr die „Möglichkeit einer planmäßigen Ausbildung" hat (Brief an R. Hermann, Juni 1940) und ein paar Wochen später für die Siemens-Schuckert-Werke zur Akkordfeinarbeit verpflichtet wird, bleibt ihm nur noch, seine Gedanken und Empfindungen im Bekenntnis zu dem zu formulieren, mit dessen Hilfe er auch *der neuen Sorge und dem neuen Leid begegnen* zu können hofft:

(Meinem Kinde)   Ps. 109,21

Nun sich das Herz von allem löste,
was es an Glück und Gut umschließt,
komm, Tröster, Heilger Geist, und tröste,
der du aus Gottes Herzen fließt.

Nun sich das Herz in alles findet,
was ihm an Schwerem auferlegt,
komm, Heiland, der uns mild verbindet,
wo uns die Welt nur Wunden schlägt.

Nun sich das Herz zu dir erhoben
und nur von dir gehalten weiß,
bleib bei uns, Vater. Und zum Loben
wird unser Klagen. Dir sei Preis!

Abb. 25: Renate im Sommer 1940

Ein knappes Jahr vor dem Tod erwägt Klepper – angeregt durch eine Hellseherin, *zu der so viele Künstler, aber selbst Offiziere gehen (nicht der schwerste Tag meines Lebens,* schreibt er, *doch der meiner größten Verzweiflung)*[31] – flüchtig die Möglichkeit, mit einem Meineid zu bezeugen, Renate sei *sein* Kind *(wie sinnvoll wäre es dabei dem Herzen!),* aber sofort verwirft er diesen Gedanken wieder: auch wenn das zugleich seiner Frau und damit der gemeinsamen Zukunft dienen könnte. *Welche entsetzlichen Zeichen der Ausweglosigkeit, während Gott doch den Weg zu Ihm für uns weiß, würden wir auch auf Erden so grauenerregend auseinandergerissen.* Auch hier wieder lähmt aber das Vertrauen auf Gottes Führung in keinem Augenblick den Willen, wenigstens für Renate einen Weg zu finden. Sieht Jochen Klepper ein, daß die innige Verbindung zwischen ihm, seiner Frau und der jüngeren der beiden Töchter einer Emigration im Wege gestanden haben könnte, als sie vielleicht noch möglich war? *Soll denn noch einmal ein Ende sein mit der furchtbaren Selbstanklage, daß wir Renerle 1939 nicht mit Brigitte nach England geschickt haben?*

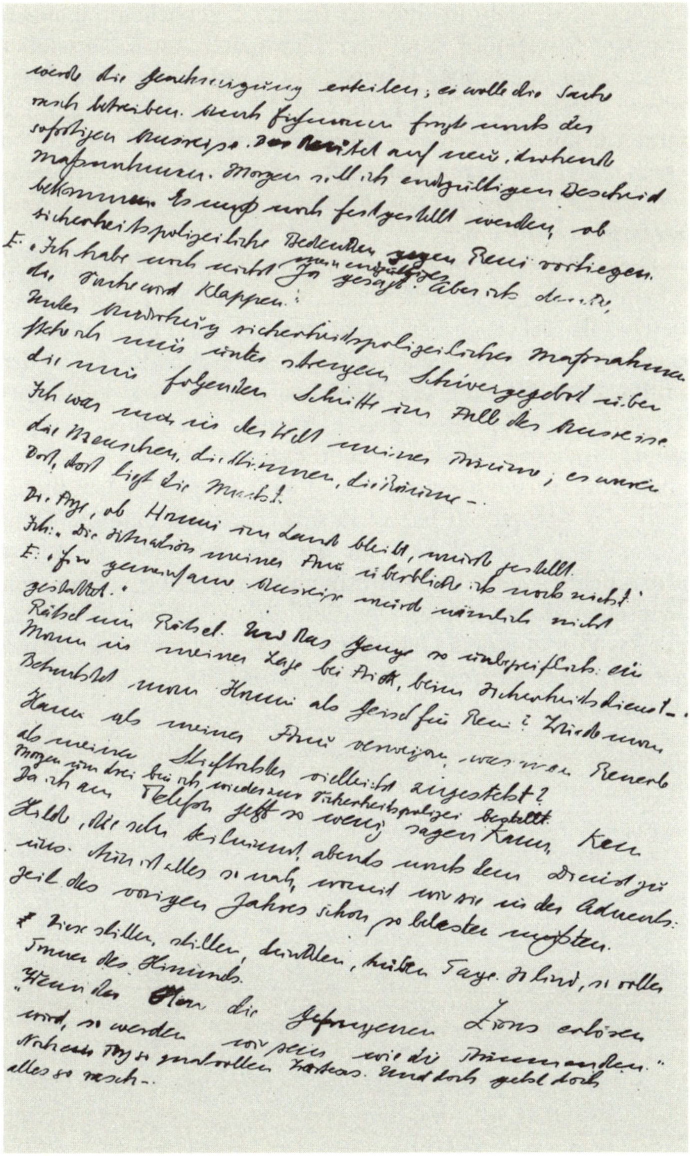

Abb. 26: Die vorletzte Seite im Tagebuch (Notizen vom 9.12.1942) mit der Eintragung von Psalm 126

Dieser Satz steht in einer der letzten Tagebucheintragungen vor dem Selbstmord. Und drei Tage später, am 8. Dezember 1942, versucht er seinen Glauben mit dem Luthers zu konfrontieren: „Nehmen sie den Leib, Gut, Ehr, Kind und Weib, laß fahren dahin ..." Und er muß es aussprechen: daß er Gott so etwas *nicht geloben kann. Gott weiß ..., daß ich alles von ihm annehmen will an Prüfung und Gericht, wenn ich nur Hanni und das Kind notdürftig geborgen weiß.*

Die Reflexionen im Zusammenhang mit seinem literarischen Thema – Kleppers Arbeit am Roman über Luthers Frau beschränkt sich nach der Entlassung aus der Wehrmacht nur noch auf mühselige Quellenstudien –, das eigene Leiden an der Hilflosigkeit der geliebten Menschen und der verzweifelt festgehaltene Glaube: diese drei Elemente, von denen Klepper zehn Jahre vorher als den Grundthemen seines Lebens gesprochen hatte, verbinden sich zu e i n e m Zeugnis in dem Bibelwort, das Klepper als letztes in sein Tagebuch einträgt. Dem literarischen Werk bleibt – wie der Ehe, die dieses Werk erst ermöglichte – eine letzte Erfüllung versagt. Aber gerade den Menschen, die an solcher Unerfülltheit zu zerbrechen drohen, gilt das Wort aus dem Gebetbuch des Alten Testamentes: *Wenn der Herr die Gefangenen Zions erlösen wird, werden wir sein wie die Träumenden.*

DEUTSCHES SCHICKSAL ZWISCHEN
HAKENKREUZ UND DAVIDSTERN

Rita Thalmann schließt ihre Klepper-Biographie mit einem
Absatz aus dem Tagebuch „Unter dem Schatten deiner Flügel".
Die zitierte Stelle stammt vom 22. März des Jahres 1934, und
Klepper kommentiert darin seine Unterschrift auf dem Revers
der Reichsschrifttumskammer, mit dem er sich *hinter den neuen
Staat zu stellen* bereiterklärt. Dies sei für ihn *keine Phrase* gewe-
sen: *Das Volk, dessen Sprache ich schreibe, gehört „auf Gedeih und
Verderb", wie man immer sagt, in mein Leben und in mein Wesen.
Auch wenn es in großer Geschlossenheit Wege geht, die für einen selber nicht beschreitbar sind.* „So dachte zu dieser Zeit", schreibt
Rita Thalmann, „ein rechtschaffener deutscher Bürger, dessen
preußisch-lutherisch konservatives Weltbild nicht nur ihn, sondern die Mehrheit des deutschen Volkes in eine Sackgasse
geführt hat". Hier ist nicht der Ort, auf Recht und Grenze eines
solchen Urteils einzugehen[1]. Wahrscheinlich aber wird mit dieser Einordnung sowohl im Blick auf das Selbstverständnis Kleppers wie auch im Blick auf eine kritische Würdigung seines Verhaltens und Handelns zu gravierenden Fehldeutungen Anlaß
gegeben.

Der Zusammenhang dieser Stelle im Tagebuch des Dichters
– eine Reflexion über sein Verhältnis zum Nationalsozialismus,
wie er sich ihm zu jenem Zeitpunkt darstellt – läßt vielmehr
eine erstaunliche Distanz gegenüber dem gut ein Jahr alten
Regime und zugleich eine ebenso erstaunliche Selbstdistanz
erkennen. Unter dieser Distanz, die etwas mit seiner Person-
struktur zu tun hat, leidet er. (Schon im August 1933 hatte er
notiert: *Wenn ein unpolitischer Mensch in ein politisches Zeitalter
gerät, ist es fast, als ob er unter die Räder kommt.*) Sie setzt ihn aber
zugleich instand, sehr präzise zu beschreiben, wo sich sein Denken mit Zügen berührt, die er an nationalsozialistischen Zeitgenossen zu beobachten glaubt, und wo er sich ein für allemal von
ihnen und ihrer Ideologie geschieden weiß. Zu den letztge-
nannten Punkten gehört vor allem der *Aktivismus, ... die Ver-
bannung des Alten Testamentes* und *die Gleichsetzung von Reforma-
tion und Revolution: „Gott hilft uns nur, wenn wir uns selber helfen"*[2]. Auf diesem Hintergrund erhalten die für uns so

erschreckenden Sätze, die seine Überlegungen bündeln – es gebe *heute nichts, was man an die Stelle des Nationalsozialismus setzen* könne, und an *dieser Erkenntnis* komme *keiner vorbei* –, einen Sinn, der das realpolitische oder historische Kalkül entschieden überschreitet. Der Historiker mag mit Recht auf den Vertrag von Versailles, auf die inneren Schwächen der jungen deutschen Demokratie und auf die wirtschaftliche Not als Nährboden nationalsozialistischen Denkens verweisen – Kleppers Blick geht tiefer: die Etablierung der nationalsozialistischen Herrschaft in Mitteleuropa (eine *Synthese preußischer* Wirkungsgeschichte mit dem *modernen italienischen Faschismus)* war für sein Verständnis ein Vorgang, der auf einen Leerraum in den Herzen der Menschen stieß. Wo das Vertrauen auf den tragenden, vergebenden und Zukunft ermöglichenden Gott geschichtlich nicht mehr wirksam ist, kann es nur zu solchen Konsequenzen kommen. Trotzdem – oder gerade deshalb? – empfindet sich Klepper mit dem Volk solidarisch, das diesen Weg geht: nicht als Handelnder auf der Seite der Machthaber und ihrer Gefolgsleute *(denn ich habe keinen Wehrgeist, kein Gemeinschaftserlebnis, keinen Beugungswillen gegenüber politischen Heilslehren*[3]), nicht auf der Seite einer wie auch immer gearteten Opposition *(jeder Versuch, politisch zu werden, wird eine Aufgabe meines Wesens bedeuten*[4]), sondern als Mit-Leidender mit den Ohnmächtigen. Das aber sind vor allem die dem jüdischen Glauben anhängenden oder aus jüdischen Familien stammenden Deutschen. Und ihrem Weg im Deutschland des „Dritten Reiches" verbindet sich der seine zuvörderst durch die Ehe: *In diesem „jüdischen Schicksal", in das Gott einen einbezieht, ist etwas, wogegen ich nicht ankann*[5]. Die *Angst* seiner Frau *um die Zukunft der Juden in Deutschland* macht ihn zunehmend hellsichtig für das Bevorstehende. *Kommt der Sieg, so sind wir wohl verloren. Kommt die Niederlage, so wird immer noch soviel Macht und Zeit bleiben, alles jüdische und dem jüdischen durch die Ehe Verbundene zu vernichten,* schreibt er am ersten Septemberwochenende 1942 in sein Tagebuch.

Und doch wußte er sich, vor allem wohl durch seine Prägung in Kindheit und Jugend[6], mit einer Intensität an Deutschland gebunden, die auch für ihn selber letztlich nicht rational faßbar war. Ist der Motivationsgrund dieser Bindung zu beschreiben

als das „*Landmannschaftliche*" und „*Bodenständige*" (den Begriffen
scheint er selbst zu mißtrauen, denn er setzt sie in Anführungs-
zeichen), von dem er sich anfangs sogar erhofft hatte, es werde
ihm zum *Durchsetzen* als Schriftsteller verhelfen? Ist es sein Ein-
gewurzeltsein in der deutschen Sprache? Immerhin begründet
er damit 1931 in einem Brief, weshalb er und seine Frau den
Plan fallenlassen, *ganz nach Südfrankreich, in die Nähe von Toulon,
nach Le Mourillon zu ziehen,* wo es doch *ganz wunderbar* zu sein
schien: *Beruflich wird sich … mein Schicksal immer nur in Deutschland entscheiden, weil ich doch nie französisch schreiben würde*[7]. Ist es
seine Identifizierung mit Gestalten und Wirkungen der
Geschichte (vor allem mit der *Reformationszeit* als „*deutschester
Epoche*", *um deretwillen er sich nur als Deutschen denken kann*[8])? Ist
es der Versuch, angesichts der seismographisch wahrgenomme-
nen *europäischen Katastrophen* – so im Mai 1937 – noch Boden
unter den Füßen zu behalten? Vielleicht. Hier wäre dann wohl
auch ein Grund für Äußerungen zu suchen, die Kleppers Solidarität mit denen anzeigen, die als Soldaten zu Opfern des Krieges wurden; *der anderen Männer wegen* möchte er *dabeisein,*
schreibt er kurz vor der Musterung (im Mai 1940) an Harald
von Koenigswald, und an Pastor Karl Lilge im September 1941,
er *wünsche es* sich *nicht, bald heim zu müssen.*
   Die dritte Klammer zwischen seinem Leben – dem Leben
des „unpolitischen Menschen" – und der ideologisierten, dra-
matisch aufgeladenen historischen Situation ist neben Ehe und
persönlicher Bindung an das Volk, dessen Sprache er spricht,
seine schriftstellerische Arbeit und das daraus entspringende
Interesse an der Geschichte. Diese dritte Klammer hat zugleich
zu tun mit seinem Selbstverständnis als Dichter. Klepper erfährt
– um eine Formulierung Bonhoeffers abzuwandeln – das Leiden vergangener Generationen wie das Leiden im gegenwärtig
Geschehenden als eigenes Leiden und bringt es zur Sprache.
Während sich der nationalsozialistische Staat in der Berliner
Olympiade der „Jugend der Welt" als Wegführer in eine hoff-
nungsvolle Zukunft anbietet, geht Kleppers Blick durch die
*neuen, leuchtenden Fahnen, die soviel Lüge gerade in dieser Stunde
verhüllen müssen*[9], hindurch zu den zerschossenen alten Fahnen
des Zeughauses; von ihnen angeredet schreibt er das letzte seiner „Olympischen Sonette" nieder[10]:

Zeughaus

Die Ampeln brennen über den Kanonen.
Die alten Fahnen hängen stumm im Lichte;
doch nicht zum Fest: sie werden zum Gerichte.
Sie rauschten in den Schlachten und vor Thronen.

Vor ihnen gilt kein Leugnen und kein Schonen.
Vor ihrem Wissen wird der Trug zunichte.
Zerfetzt von allen Leiden der Geschichte,
verdammen sie und weigern sich, zu lohnen.

Sie, die einst brausend in die Zukunft wehten,
sind wie das Schweißtuch eines Todgeweihten
und allen Schwüren dieser Welt entnommen.

Von Liedern schweigend, zeugend von Gebeten,
erkennen sie nur die fürs Kreuz Bereiten
und rufen nur noch, die als Beter kommen.

Was sich hier in der strengen, auf die Wurzeln literarischer Tradition Europas zurückverweisenden Form des Sonetts artikuliert, ist ein Verständnis von Geschichte, das die Erfahrung von Leid, ja von Todesverfallenheit noch dort – nein gerade dort, wo menschliche Schuld im Spiele ist (die Schuld der Mächtigen wie die der großen Verklärer), als Gericht entdeckt: als Gericht dessen, der seit dem Ereignis auf Golgatha (und nur in diesem Ereignis) als der liebende Vater erkannt und angerufen werden kann. Allein auf diesem Hintergrund hat die Formel von der Geschichte als dem „Gericht Gottes" einen Sinn, die Klepper 1936 bei Reinhold Schneider findet und sich zu eigen macht[11], nachdem er schon drei Jahre vorher sagen konnte, sein(!) *jüdisches Schicksal – es spielt zwischen Gott und mir – sei nur erträglich*, weil *Gott in Geschichte ... redet, in der Bibel, in der „Gemeinde der Heiligen"*[12].

Die zitierte Eintragung im Tagebuch zeigt nun aber auch, daß Kleppers Deutung des Geschehens einen Kontext besitzt, der notwendigerweise mitgesehen werden muß, soll das Geschichtsbild des Dichters nicht als bloße Spiegelung seiner persönlichen Tragödie mißverstanden werden. Dieser Kontext ist die Bibel in ihrer Auslegung durch die christliche Kirche.

Abb. 27: Berlin, Unter den Linden (Aufnahme von 1974). Im Hintergrund „Neue Wache" und Westseite des „Zeughauses"

Beispielhaft deutlich wird das in „Die bunte Stadt im Schatten", einer kleinen Studie über Helmstedt, die Klepper 1937 als Vorarbeit für den Bora-Roman schrieb[13]. Daß in der Kapelle des ehemaligen Benediktinerklosters *an St. Petri Festtag der Priester noch Jahr um Jahr in Alba, Zingulum und Stola die Messe zelebriert wie vor einem Jahrtausend,* läßt Klepper an Joh 21 denken: *Aber kein Wort, das zu Petrus von seinem Meister gesprochen wurde, scheint hier gegenwärtig als das todernste: „Da du jünger warst, gürtetest du dich selbst und wandeltest, wohin du wolltest; wenn du aber alt wirst, wirst du deine Hände ausstrecken, und ein anderer wird dich gürten und führen, wohin du nicht willst."* Und wenige Sätze später heißt es: *... der ganze Ernst des verborgenen Gottes wird offenbar*[14]. Das in der christlichen Gemeinde gehörte Wort der Bibel also deckt Gott als den verborgenen – genauer: als den (auch) in der Geschichte verborgenen – auf. Und der Glaube dieser Gemeinde, die durch die Jahrtausende wandert und feiernd der Treue Gottes inne wird, dieser Glaube weiß: Nicht das Kreuz ist die letzte Station des Weges, den sie – von Gottes Hand gegürtet – geht; darum darf auch das „Kreuz" der Geschichte (vgl. die dritte Strophe in Kleppers Morgenlied über Jes 50,4 *ff. Er will, daß ich mich füge. Ich gehe nicht zurück ...*) als Führung des Gottes begriffen werden, der die Verlorenen retten und nicht dem Tod preisgeben will.

Es ist wohl kein Zufall, daß etwa gleichzeitig mit der „Bunten Stadt" das Gedicht „Offenbarung 21.22"[15] entsteht; eine evangelische Hymne an die Kirche möchte man es nennen, eine Hymne an das himmlische Jerusalem als den Ort der Gegenwart Gottes – Sehnsuchtslied des wandernden Gottesvolkes:

> *Errichtet aus dem Holz des Lebens,*
> *so steigt sie aus der Wolken Meer.*
> *Wir Menschen wandern nicht vergebens:*
> *du nahst uns aus der Ferne her.*
> *Die Hütte Gottes ist bereit,*
> *die Stadt des Heils in Ewigkeit!*

Solche Hoffnung ist kein aus der Gegenwart fliehendes Nach-vorn-Starren; wer in solcher Zuversicht der Zukunft Gottes lebt, wird nicht blind für die Gegenwart – er gewinnt vielmehr Kriterien für das Hier und Jetzt, sein Blick wird klarer,

Abb. 28: St. Ludgeri, Helmstedt (im Vordergrund die Doppelkapelle St. Petri und St. Johannis)

sein Urteil nüchterner, wenn es um die Dinge in Raum und Zeit geht. Was in den Versen des genannten Gedichtes wie ein Nachklang weltabgewandter Choraldichtung des 17. Jahrhunderts erscheint,

> *Die Städte dieses Erdenrundes*
> *sind fahle Schatten deiner Stadt,*
> *die uns Verheißung deines Mundes*
> *schon längst zuvor begründet hat.*
> ...
> *Die Brunnen, die hier lieblich rinnen,*
> *sind nur ein blasses, dunkles Bild*
> *des Borns, der unter goldnen Zinnen*
> *vor deinem Stuhle ewig quillt.*
> *Die Stadt, die deine Herrlichkeit*
> *erleuchtet, Herr, – liegt sie noch weit?*

das erweist sich bei näherem Zusehen als Folie, auf deren Hintergrund die sensible Wahrnehmung des Gegenwärtigen überhaupt erst möglich werden kann – und bei Klepper auch möglich wird.

So erinnert ihn schon im Juni 1934 an Krieg, was viele andere als Aufbruch zu neuen Ufern empfinden: die *Stimmungs-Propaganda*, die *Menge der militärischen Übungen*, die *Feiern und Aufmärsche*[16]. Und zugleich registriert er wachen Sinnes, daß *je fanatischer die politischen Führer den „Fortschritt" konstatieren, desto gedrückter die Stimmung der Einzelnen* wird (mindestens in dieser Phase der nationalsozialistischen Herrschaft), obwohl er sich zugleich des Eindrucks nicht erwehren kann, *noch lebe das Volk trotz aller ... privaten Enttäuschungen in der Illusion vom „Dritten Reich"*[17]. Ein Jahr später (am 23.7.1935) präzisiert er diese Beobachtung, wenn er schreibt: *Es ist nicht zu fassen, was da über ein Sechzig-Millionen-Volk gekommen ist. Alle ... nehmen alles stumpf hin und sehen keinen Ausweg und spielen verängstigt das begeisterte, geeinte Volk.* Ist es die Neigung zum *Byzantinismus* bei Künstlern und Intellektuellen oder die von Hitler ausgespielte *Prophetengabe*, die nicht nur die breiten Massen mehr und mehr des nüchternen Urteils beraubt?[18]

Als Hitler im Juni 1940 „auf die Dauer von drei Tagen das Läuten der Glocken" befiehlt („ihr Gebet möge sich mit den

Abb. 29: Aufmarsch der „Hitler-Jugend"

Gebeten vereinen, mit denen das deutsche Volk seine Söhne
von jetzt ab wieder begleitet"), wird Klepper selbst und im
Horizont seines Denkens fast unsicher. *Ist es wieder nur ein Mit-*
tel der Politik, weil man die Frömmigkeit der Deutschen erkannt
hat? Oder könnte es geschehen, was allein eine Hoffnung zuläßt und
worum ich am inständigsten bete: daß Hitler sich wandelt?[19] Aber
dieser Hoffnung stehen die Einsichten entgegen, die bei anderen Anlässen und viel früher schon gewonnen wurden: Daß hier
zerstörerische Mächte am Werk sind, denen gegenüber jede
Form von Loyalität das Gericht Gottes herausfordert – mehr
noch: Mächte, die selbst ein Gericht darstellen – gerade dort,
wo ihr Wirken Segen zu geben scheint. *Das am abenteuerlichsten*
scheinende Gerücht hat sich bestätigt; noch immer hat der National-
sozialismus etwas „völlig Neues" bereitgehalten: Nichtangriffspakt
Moskau und Berlin. Klepper kann den Vorgang nur als Akt
menschlicher, ja diabolischer Klugheit benennen, und er weiß: *Gott*
gibt so den Frieden … nicht[20]. Was Klepper hier im Blick auf ein
konkrete Ereignis formuliert, hat Dietrich Bonhoeffer – etwa

Abb. 30: Unterzeichnung des deutsch-russischen Nichtangriffsvertrages (des sogenannten Hitler-Stalin-Paktes) durch die Außenminister von Ribbentrop (Mitte) und Molotow (vorn links) in Gegenwart von J. W. Stalin (Zweiter von rechts)

gleichzeitig oder nur wenig später – in einem seiner Entwürfe für die „Ethik" auf den Begriff gebracht: „Daß das Böse in der Gestalt des Lichtes, der Wohltat, der Treue, der Erneuerung, daß es in der Gestalt des geschichtlich Notwendigen, des sozial Gerechten erscheint, ist für den schlicht Erkennenden eine klare Bestätigung seiner abgründigen Bosheit"[21].

Eine Tagebucheintragung vom 1. Mai 1937 zeigt an, daß Klepper bei aller Deutlichkeit, ja Schärfe des Urteils sehr genau zu differenzieren weiß zwischen der Sünde und den Sündern. Es ist ihm *unmöglich, dieses Volk nicht glühend zu lieben* – dieses *friedliche Volk, in dem doch jeder zweite Mann Uniform trägt: die des Heeres oder eine der Partei ... Es ist unmöglich, nicht zu beten um die engste Bindung an dieses Volk, in dem einem so viel Bitteres, so schwer zu tragendes Unrecht geschieht*[22]. Und wieder – auch hier – der eschatologische Horizont: *So, wie es jetzt ist, sind die Festtage des Volkes Gerichtstage.* Ein Jahr vorher schon, anläßlich der

Olympischen Spiele, hatte er das in den Ereignissen geschehende Gericht Gottes als ein Nicht-Wahrnehmen der Botschaft Gottes beschrieben: Abseits vom Lärm der Feste bleibt sie im Dunkel; was alle angeht, findet weder Boten noch Gehör; Gott verurteilt, indem er die Menschen sich selber überläßt.

Hedwigskirche[23]

Als sei verworfen, was die Menschen planen,
liegt allem Glanz die Kirche abgewendet,
in schwerem Ernst, für alle Zeit vollendet,
gewölbt ums Kreuz, errichtet um zu mahnen.

Hier ist ein Ende all der lichten Bahnen,
und dunkel wird, was eben noch geblendet.
Der Engel einer ist herabgesendet
mit größrem Zeichen als der Erde Fahnen.

Vor dem Portale war ein Licht entzündet.
Zwei Banner haben sich davor verschlungen
und wehn als Trauertuch um die Laterne.

Die Menschen rufen. Aber wer verkündet?
Und welches Herz ist von dem Schwert durchdrungen?
Der Engel kam. Die Menschen bleiben ferne.

Die Worte von der „glühenden Liebe" zu „diesem Volk" stehen nur scheinbar im Widerspruch zu Äußerungen der Verzweiflung, wie sie sich als Reaktion auf die Machtdemonstrationen des Staates wieder und wieder im Tagebuch finden. *Ich habe mich immer mehr als Deutscher fühlen gelernt und muß diese Schande erleben,* schreibt er, als im August 1933 erste massive Sanktionen über die Juden verhängt werden[24], und nach einer Begegnung mit Kolonnen von SA und SS, der *gewaltigen Miliz dieser Revolution,* ist er irritiert von den *guten, offenen Gesichtern* und fragt: *Wie soll man sich auskennen?*[25]

Diese Irritation steigert sich augenblicksweise bis zum radikalen Zweifel an der eigenen nationalen Identität[26], bis zum Gefühl absoluter Heimatlosigkeit. Im Februar 1938 hält er im Tagebuch fest, was ihm Reinhold Schneider in einem Briefe schreibt[27]: „Eine eigentliche Heimat gibt es nicht mehr für uns

Abb. 31: Berlin, St.-Hedwigs-Kirche (in ihrer Vorkriegsgestalt)

… Retten Sie Ihr Werk! Etwas müssen wir doch wohl ans andere Ufer werfen, während unser Boot hinunterschießt. Was wir geahnt haben, müssen wir wohl alles noch erleben; aber wir wollen uns an den Händen halten, so lange es geht." In all dem bleibt ihm eine Genauigkeit des Beobachtens erhalten, die den Leser des Tagebuches verblüffen muß. Klepper erkennt, daß nur *rasende, nicht eine Sekunde aussetzende Unruhe* den Staat aufrechterhält – eine Unruhe, *die erzwungen wird durch krampfhafte und krankhafte Überorganisation aller Lebensbezirke*[28]; und diese Elemente des Rasenden, Krampfhaften und Krankhaften in der nationalsozialistischen Ideologie und Politik werden ihm selbst am unmittelbarsten dort erfahrbar, wo er sich als Mann einer jüdischen Frau verbunden sieht mit dem Schicksal der deutschen Juden. Was Jahre vor dem Machtantritt der Nationalsozialisten (und vor der Begegnung mit Johanna Stein) Gegenstand seiner schriftstellerischen Phantasie gewesen war – *die Auseinandersetzung mit dem Judentum als einem religiösen Problem*[29] –, das wird nun (von 1933 an) zum Bedingungsrahmen seines konkreten Lebens und also zugleich zum immer neuen Anlaß für politisch-theologische Reflexionen.

Die ersten Boykottmaßnahmen gegen jüdische Ärzte, Anwälte, Künstler und Kaufleute – *was damit in jungen Juden an Haß gesät wird, muß furchtbar werden*[30] – sind ihm Anstoß zur Meditation über den *weiten und tiefen Raum*, den das jüdische in seinem Leben hat: *mir ist, als gäbe die Heilsgeschichte der Juden der Weltgeschichte den Sinn*. Schon ein Vierteljahr später, im Juni 1933, spricht er vom *stillen Krieg*, der sein und seiner Frau Schicksal zu *einem von vielen* Schicksalen macht. Ob er diesen „Krieg" richtig einschätzt, wenn er 1938 – unmittelbar nach der „Reichskristallnacht" – feststellt, *daß die Bevölkerung wieder nicht dahintersteht* (dies *lehrt ein kurzer Gang durch jüdische Gegenden*), mag zu fragen sein. Seine Beobachtung, *der 1933 noch reichlich vorhandene Antisemitismus* sei *seit der Übersteigerung der Gesetze in Nürnberg 1935 weithin geschwunden*, muß er als Soldat jedenfalls korrigieren. Obwohl die Kameraden ihm und seiner Situation wohlwollend gegenüberstehen, konstatiert er 1941 nur noch *den fast völligen Sieg der antisemitischen Propaganda*[31]. An anderer Stelle heißt es wie erklärend dazu: *durch die Gedankenlosigkeit der Menschen*; Bonhoeffers Satz „Dummheit ist ein gefährlicherer Feind des Guten als Bosheit"[32] spricht die gleiche furchtbare Erfahrung aus. Kann es verwundern, daß es ihn quält, *wenn man spürt, wie die Deutschen gar nicht mehr wissen, was sie Deutschland überhaupt wünschen sollen* – kann es verwundern,

Abb. 32: Prälat Bernhard Lichtenberg (links im Bild) betete als Propst an St. Hedwig ab November 1938 in öffentlichen Gottesdiensten „für die verfolgten nicht-arischen Christen und für die Juden" und protestierte gegen antisemitische Hetze. Zu zwei Jahren Gefängnis verurteilt, starb er auf dem Transport ins KZ Dachau.

wenn er sagen muß, er selbst sei *in die Zweifel und Ungewißheiten mit einbezogen?*[33] Ein fast apokalyptischer Unterton angesichts dieser und ähnlicher Beobachtungen ist schon in einer Tagebucheintragung vom März 1935 unüberhörbar: *Der Einzelne ist der Besinnung vor einem Menetekel noch fähig, die Völker sind es vielleicht, die Massen und die Staaten nicht.*

Daß dieses Unheil, das bereits kurz nach Kriegsbeginn in die physische Zerstörung des Lebens von *Alten, Frauen, Mädchen und Kindern* einmündet, *von Menschen erdacht* ist, kann Klepper nur noch als *entsetzliche Unnatur* empfinden[34]. Gerade darum fällt es auf, daß Klepper – mindestens in Gedanken – die Kirchen gegenüber der bitteren Anfrage seines Gesprächspartners im Propagandaministerium verteidigt, warum sie sich nicht einmal für die Judenchristen eingesetzt haben: es seien die *ungeheuren Angriffe auf beide Kirchen in den prononcierten Parteiblättern*, die solches Schweigen *verstehen* ließen[35]. Berührt sich diese Haltung Kleppers mit der von Martin Buber? Der jüdische Weise sprach 1953 in der Paulskirche aus, was vielleicht ein anderer so nicht hätte sagen können (gar nicht hätte sagen dürfen): „Mein der Schwäche des Menschen kundiges Herz weigert sich, meinen Nächsten deswegen zu verdammen, weil er es nicht über sich brachte, Märtyrer zu werden"[36].

Allerdings: Märtyrer (und das heißt „Zeugen") gab es, und Klepper kannte ihre Namen. Auf der einen Seite waren es die wenigen, die öffentlich ihre Stimme erhoben – ohne Furcht vor den Folgen. So hatte der katholische Prälat Lichtenberg (Klepper erwähnt am 4. November 1941 seine Verhaftung) über drei Jahre hinweg im Abendgebet in der St. Hedwigs-Kathedrale Fürbitte für die Verfolgten, besonders aber für die verfolgten Juden gehalten. Auf der anderen Seite waren es diejenigen, die – ungewollt – Zeichen setzten, indem sie den Tod wählten, bevor die Häscher des Staates nach ihnen greifen konnten; so ist *durch den Fall Joachim Gottschalk* (der Schauspieler beging mit seiner jüdischen Frau Selbstmord) *plötzlich alles offenbar geworden*. Daß Klepper mit dieser Formulierung mehr meint als nur die Publizität des Konfliktes, in den der nichtjüdische Partner einer „Mischehe" geriet, zeigt ein Absatz aus der gleichen Tagebucheintragung vom 17. November 1941: *Das Unglück der Juden verkürzt mir nicht den Blick und verengt mir nicht das Herz dafür, welcher namenlose Jammer jetzt auf der Welt überhaupt und in Europa besonders herrscht. Aber wiederum sind die Juden ein „Urbild".*

Hat Klepper an der zuletzt erwähnten Stelle das unschuldige Leiden überhaupt vor Augen, so reflektiert er in einer früheren Notiz (Dezember 1938) einen anderen Aspekt: *die Aufgabe der Judenchristen* (gegenüber den Juden), wie er sie sieht. Gerade an ihnen müsse *die Scheidung zwischen Glaube und Fatalismus, Glaubenszuversicht und fanatischer Aktivität zur Rettung der Existenz*

Stuttgarter
Neues Tagblatt
Südwestdeutsche Handels- und Wirtschafts-Zeitung

Abendausgabe · 15 Rpf.   Samstag, 28. / Sonntag, 29. März 1936   93. Jahrgang · Nummer 148

Der Führer an das deutsche Volk: „Ich bitte jetzt das deutsche Volk, mich in meinem Glauben zu stärken und mir durch die Kraft seines Willens auch weiterhin die eigene Kraft zu geben, um für seine Ehre und seine Freiheit jederzeit mutig eintreten und für sein wirtschaftliches Wohlergehen sorgen zu können. Und mich besonders zu stützen in meinem Ringen um einen wahrhaften Frieden."

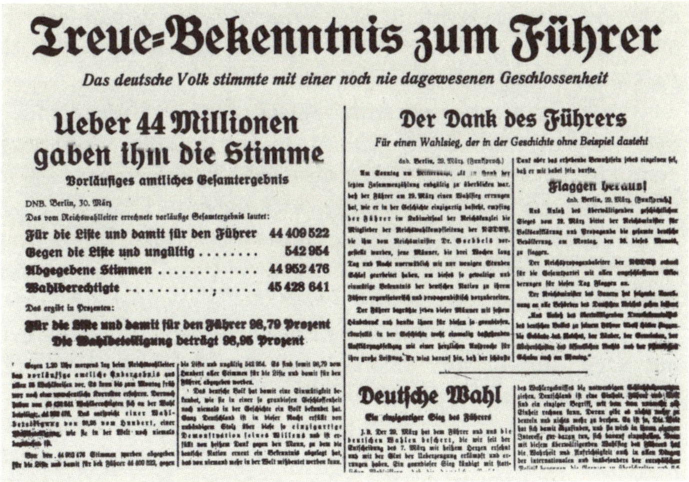

Treue-Bekenntnis zum Führer

Das deutsche Volk stimmte mit einer noch nie dagewesenen Geschlossenheit

Ueber 44 Millionen gaben ihm die Stimme

Vorläufiges amtliches Gesamtergebnis

DNB. Berlin, 30. März

Das vom Reichswahlleiter errechnete vorläufige Gesamtergebnis lautet:

Für die Liste und damit für den Führer	44 409 522
Gegen die Liste und ungültig	542 954
Abgegebene Stimmen	44 952 476
Wahlberechtigte	45 428 641

Das ergibt in Prozenten:

Für die Liste und damit für den Führer 98,79 Prozent

Die Wahlbeteiligung beträgt 98,95 Prozent

Der Dank des Führers

Für einen Wahlsieg, der in der Geschichte ohne Beispiel dasteht

Flaggen heraus!

Deutsche Wahl

Ein einzigartiger Sieg des Führers

Abb. 33: Tageszeitungen am Wahltag 1936 und nach Bekanntgabe der Ergebnisse

offenbar werden. Zwischen „Fatalismus“ und „fanatischer Aktivität“ bewegt sich der Glaube – nicht nur der Glaube der Judenchristen, sondern der christliche Glaube überhaupt, und das ist wohl auch in dem dunklen Wort aus dem Kriegstagebuch gemeint, welches Klepper kurz vor seiner Entlassung aus der Wehrmacht zu Papier bringt: *Als Gott in Christus Mensch wurde, wollte er den Juden gleich sein. Wer unschuldig leidet in dem „Gleichwerden“ seines Schicksals mit dem Christi unter dem Judentum, erlebt ein in die letzten Tiefen reichendes Ähnlichwerden mit Christus, in dem allein der Sinn unseres Daseins liegt*[37].

Der eschatologische Zusammenhang, in den Klepper mit den hier zitierten Äußerungen das konkret erlebte Geschehen einordnet, ist sehr früh schon bei ihm erkennbar. Im September 1932 – angesichts der sich überstürzenden politischen Vorgänge nach Brünings Sturz – notiert er mit deutlichem Anklang an 1 Kor 7,29 ff, obwohl *politische Indifferenz ein Ding der Unmöglichkeit geworden* sei, könne für ihn *Politik immer nur Sache einer Als-ob-Ethik bleiben* – das aber hieße: *der Versuch einer ungefähren Einordnung*[38]. Diese paulinische Distanz läßt ihn erkennen, daß durch den Reichstagsbrand *aller Terror motiviert* zu werden vermag und *die so groß aufgemachte nationale Revolution* nichts als *Pogromstimmung* hervorbringen kann[39].

Wenige Tage nach dem Röhmputsch, der von Hitler und seinen Vasallen zum Anlaß genommen wird, durch Mord auch erste kirchliche Kritiker auszuschalten[40], weiß Klepper, daß es für ihn nun *gar keine Berührungspunkte und keine Verständigungsmöglichkeiten mit dem Nationalsozialismus mehr* gibt. Ihn bewegt nur noch *die schwere Sorge, wie dieses vermessene Abenteuer, zu dem dieses unglückliche Volk kranke Phantasten ermächtigt hat, enden soll*[41]. Mit Bangen verfolgt er die Entscheidungen der Machthaber. Den Anti-Komintern-Pakt und die „Achse Berlin-Rom" (1936) kommentiert er mit der Bemerkung: … *die gegen den Kommunismus und seine Gottlosenbewegung kämpfen, haben kein wahres Panier*[42]; in der Erfassung der Vier- bis Achtjährigen als „Söhne der Wölfin" durch das faschistische Italien *spricht die Zeit sich mit erschreckender Klarheit aus*[43]; das Verbot von Krippenspielen bei Schulweihnachtsfesten signalisiert für ihn, daß *der tiefe Einschnitt* nun in aller Öffentlichkeit vollzogen wird[44]: *Aller Eingeweihten hat sich … Lähmung und Entsetzen bemächtigt* (15.12.1938).

Und doch ist Klepper nüchtern genug, die Blindheit der meisten Zeitgenossen richtig einzuschätzen. *Es ist so furchtbar, daß die Menschen, die nach dem „Frieden von München" noch so dankbar waren, nicht mehr um Frieden beten werden, wenn der Krieg nun doch kommt*[45]. Was er schon angesichts der bevorstehenden Berliner Olympiade wahrgenommen hatte – *einmal muß der Tanz bezahlt werden; und auf der Rechnung wird die eine Summe stehen: Krieg*[46] –, durchschaut die Mehrheit der Deutschen noch nicht einmal beim Beginn des Polenfeldzuges: *Man begreift die Wirklichkeit des Krieges nicht, er scheint fern, widerruflich.* Daß tatsächlich etwas in gewisser Hinsicht Unwiderrufliches, mindestens aber Zwanghaftes im Gang ist, hat der Dichter fast hellseherisch schon zwei Jahre nach Hitlers Machtantritt an der Rüstungspolitik abgelesen, als er erkennt, *wie Technik, Chemie und die Großpropaganda sich nur auf dieses eine Objekt zu stürzen scheinen: den vollkommenen Krieg. Alles ist für ihn bereit – muß solche Potenz sich nicht erfüllen?* (21.5.1935) Nachdem der Krieg dann da und in vollem Gange ist, wird ihm auch ein anderer

Abb. 34: Das Haus in Nikolassee vom Garten her (SW-Ansicht)

Schreckenszusammenhang deutlich – der zwischen einem nur noch auf die äußeren, kriegerischen Abläufe fixierten Bewußtsein (vor allem beim Offizierskorps) und der Freiheit der Machthaber, im „Schutze" der Ereignisse alle noch bestehenden ethischen Schranken zu zerbrechen. *Die radikale Lösung der Judenfrage, die Konfiskation der Klöster, die Abschaffung der konfessionellen Schule, die Möglichkeiten zur Tötung lebensunwerten Lebens – dies alles wird nun durchgeführt, während das Heer im Felde gebunden ist. Nachher können die Offiziere die Hände in Unschuld waschen. Auch diese Brücke ist nun diabolisch gebaut*[47].

Angesichts des so beschriebenen zeitgeschichtlichen Hintergrundes, angesichts des Feldes übermächtiger Kräfte, denen sich Klepper – wie ungezählte Menschen damals auch – radikal ausgeliefert fühlt (seine Lebens- und Handlungsmöglichkeiten sind nun einmal anderer Art als die eines Dietrich Bonhoeffer), angesichts des diabolischen Netzes, das die in Deutschland verbliebenen Juden und Angehörigen mehr und mehr einschließt, bleibt ihm nur noch der Versuch, sich und den Seinen wenigstens so etwas wie einen äußeren Ort der Geborgenheit zu erhalten: das Haus. Noch kurz vor dem Einzug in Nikolassee spricht er in einem Brief die Hoffnung, ja, die Freude aus, wenn er daran denkt, daß dieses zweite nach eigenen Plänen entworfene Haus *auf noch festerem Grunde* stehen werde – *einfach weil zwischen Haus und Haus Hannis Taufe und die Trauung liegt*[48]. Aber schon wenige Tage nach Abfassung dieses Briefes, am 28. März 1939, relativiert er diese naive Hoffnung, indem er sich vom Neuen Testament zurechtweisen, in die Realität des Vorhandenen zurückweisen läßt: ... *haben, als besäße man nicht, freuen mit den Fröhlichen; weinen mit den Traurigen; herbergen und teilen. Über alledem die Forderung des Wachens und Betens; und des Wirkenmüssens, solange es Tag ist. Und dies letztere dauernd von allem anderen bedroht!* Das Wort im Tagebuch erinnert an eine Eintragung, die aus der Zeit kurz nach dem Einzug ins Südender Haus stammt: *Es ist die Zuflucht zweier Menschen, gegründet auf das Bewußtsein, mit jedem Augenblick hingegeben werden zu müssen*[49]. Nicht zufällig mag sich ein Zitat aus den Worten Jesu über die Nachfolge der Jünger anschließen: „Des Menschen Sohn hat nicht, da er sein Haupt hinlege." Was für den Bürger Realität ist, das ist für ihn *Symbol*. Das *Bürgerhaus lebt von der Hoffnung auf die Welt. Über meinem Leben steht aber: „ Gott reißt das Übel nicht von der Person, sondern die Person vom Übel*"[50]. Wie die ersehnte Geborgenheit im eigenen Haus, so ist ihm auch die erfahrene Heimatlosigkeit etwas Vorläufiges und Vorletztes. Jochen Klepper lebt in der hoffenden Gewißheit: Wie Gott Menschen je und je aus dem Bergenden herauszuführen vermag, so kann und wird er sie endlich aus dem Machtbereich des Todes – aus Angst und Schuld – herausreißen. Dieses Hoffen auf Gott als Möglichkeit der Freiheit gilt für ihn im Hinblick auf das eigene Leben wie im Hinblick auf den Raum des Zusammenlebens aller Menschen. Darum konfrontiert er in den Königsgedichten die am eigenen Leib erfahrene Gewaltherrschaft mit dem Bilde des Herrschers, der den ganz

anderen Weg, den Weg ohne Waffen, den Weg der liebenden
Hingabe geht:

> *Die Völker stehen ganz erstarrt in Waffen,*
> *und der gilt viel, der neuen Tod erdenkt.*
> *Auch wenn sie Sicheln zu den Schwertern schaffen,*
> *bleibt dennoch nur der Untergang verhängt.*
>
> *Daß sie im guten Wahne noch vernichtet,*
> *das ist die ärgste Wirrnis dieser Welt.*
> *Nun muß der kommen, der dein Kreuz aufrichtet*
> *und dieses Zeichen über alle stellt.*
>
> *Die Welt in Waffen ist gar sehr entkräftet,*
> *und mancher sieht den Trug in ihrer Macht.*
> *Vom König, der den Blick aufs Kreuz geheftet,*
> *von keinem sonst, wird Hilfe uns gebracht*[51].

Diese Verse – geschrieben zu der Zeit, da die nationalsozialistische Regierung mit Blick auf die „Abwehrfähigkeit Deutschlands" die Aufrüstung hemmungslos vorantreibt[52] – legen es
nahe, an die gegenwärtige Auseinandersetzung um Zukunfts-
und Friedenssicherung zu denken: daß der *Trug* einer *Welt in
Waffen* auch heute noch (sogar deutsche) Politiker in seinen
Bann schlägt, gehört nach den Ereignissen des Zweiten Welt-
krieges und angesichts der atomaren Waffentechnik zum Unbe-
greiflichsten dieser unserer Situation[53].

Redet aber Jochen Klepper im zweiten seiner Königsgedich-
te überhaupt von einem möglichen politischen Führer in der
Welt? Beschwört er nicht vielmehr das Bild des ganz anderen
Herrschers – des Gesalbten Gottes, des Christus? Soll im *König,
der den Blick aufs Kreuz geheftet,* vielleicht die Gestalt dessen auf-
leuchten, der nach Jerusalem geht, um am Kreuz das Leid dieser Welt auf sich zu nehmen? Wäre es so, würde sich jedoch um
so unausweichlicher die Frage stellen, wie der Glaube an diesen
Messias Gottes in der Welt wirksam zu werden, wie die Nachfolge gegenüber diesem Herrn auszusehen hätte. Für Dietrich
Bonhoeffer besteht sie am Ende im Kampf gegen die Gewalt,
im „Auf-dem-Sprunge-Sein" und in der Tat des Mitleidens[54].
Für Jochen Klepper ist sie Teilnahme am Leiden der Schwestern und Brüder und das Gebet[55]. Sein „Wirken, solange es

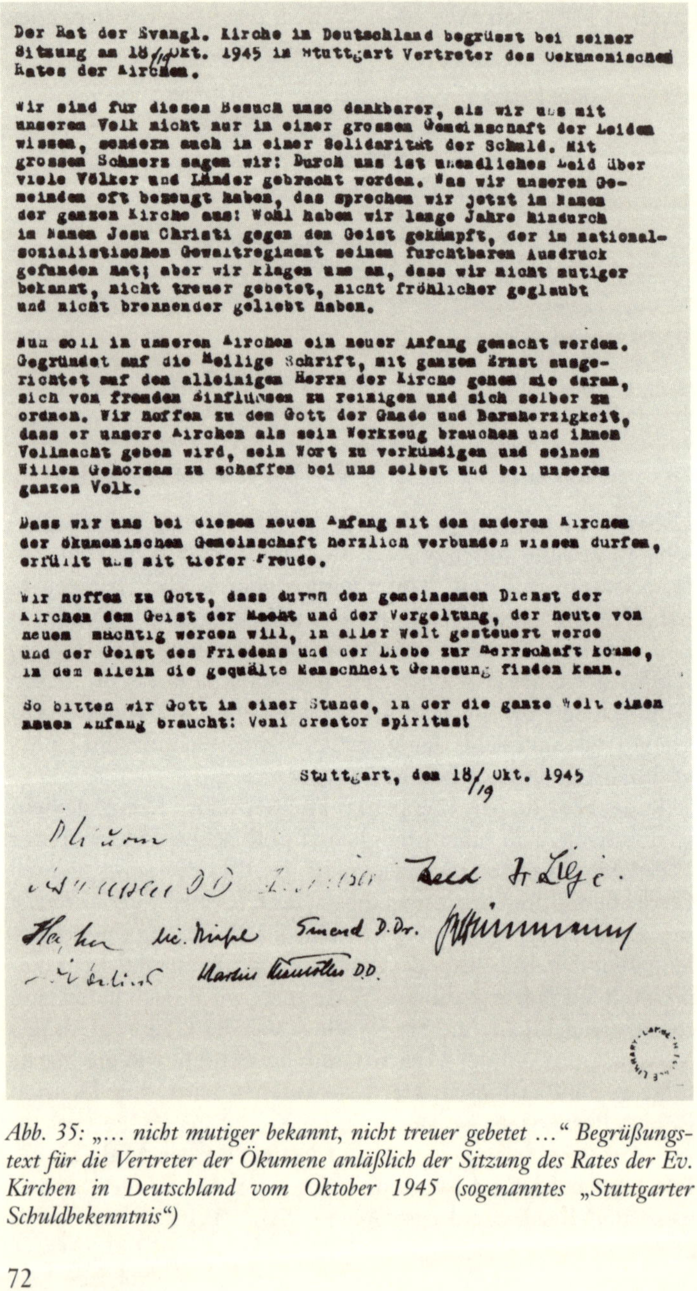

Der Rat der Evangl. Kirche in Deutschland begrüsst bei seiner
Sitzung am 18/19.Okt. 1945 in Stuttgart Vertreter des Oekumenischen
Rates der Kirchen.

Wir sind für diesen Besuch umso dankbarer, als wir uns mit
unserem Volk nicht nur in einer grossen Gemeinschaft der Leiden
wissen, sondern auch in einer Solidarität der Schuld. Mit
grossem Schmerz sagen wir: Durch uns ist unendliches Leid über
viele Völker und Länder gebracht worden. Was wir unseren Gemeinden oft bezeugt haben, das sprechen wir jetzt im Namen
der ganzen Kirche aus: Wohl haben wir lange Jahre hindurch
im Namen Jesu Christi gegen den Geist gekämpft, der im nationalsozialistischen Gewaltregiment seinen furchtbaren Ausdruck
gefunden hat; aber wir klagen uns an, dass wir nicht mutiger
bekannt, nicht treuer gebetet, nicht fröhlicher geglaubt
und nicht brennender geliebt haben.

Nun soll in unseren Kirchen ein neuer Anfang gemacht werden.
Gegründet auf die Heilige Schrift, mit ganzem Ernst ausgerichtet auf den alleinigen Herrn der Kirche gehen wie daran,
sich von fremden Einflüssen zu reinigen und sich selber zu
ordnen. Wir hoffen zu dem Gott der Gnade und Barmherzigkeit,
dass er unsere Kirchen als sein Werkzeug brauchen und ihnen
Vollmacht geben wird, sein Wort zu verkündigen und seinen
Willen Gehorsam zu schaffen bei uns selbst und bei unserem
ganzen Volk.

Dass wir uns bei diesem neuen Anfang mit den anderen Kirchen
der ökumenischen Gemeinschaft herzlich verbunden wissen dürfen,
erfüllt uns mit tiefer Freude.

Wir hoffen zu Gott, dass durch den gemeinsamen Dienst der
Kirchen dem Geist der Macht und der Vergeltung, der heute von
neuem mächtig werden will, in aller Welt gesteuert werde
und der Geist des Friedens und der Liebe zur Herrschaft komme,
in dem allein die gequälte Menschheit Genesung finden kann.

So bitten wir Gott in einer Stunde, in der die ganze Welt einen
neuen Anfang braucht: Veni creator spiritus!

                              Stuttgart, den 18/19. Okt. 1945

*Abb. 35: „… nicht mutiger bekannt, nicht treuer gebetet …" Begrüßungs-
text für die Vertreter der Ökumene anläßlich der Sitzung des Rates der Ev.
Kirchen in Deutschland vom Oktober 1945 (sogenanntes „Stuttgarter
Schuldbekenntnis")*

Tag ist", erfüllt sich darin, daß er das Schuldig-Werden und Leiden der Menschen ausspricht und vor Gott bringt:

> *Gott, laß uns deiner Ordnung nicht entrinnen.*
> *Bekenne dich doch noch zu unserer Zeit.*
> *Laß uns am späten Abend noch beginnen.*
> *Die große Stunde ist uns noch zu weit*[56].

Jochen Klepper – Beispiel eines „lutherisch-bürgerlich geprägten Lebensweges", in dem das „Gewährenlassen einer unrechtmäßigen, weil verbrecherischen Obrigkeit ... zu deren Unterstützung" diente? Beispiel eines Lebens, in dem „die immer wieder gesuchte Geborgenheit mit seiner Frau im eigenen Haus ... schließlich nur noch reichte, in den gemeinsamen Tod zu gehen"?[57] Wenn wir solche Fragen und Urteile auszusprechen wagen, werden wir uns dem quälenden Gedanken stellen müssen, wie unser eigenes Verhalten unter den Bedingungen von Kleppers Lebens ausgesehen hätte. Den Überlebenden jedenfalls blieb 1945 und bleibt heute nur das Bekenntnis, „nicht mutiger bekannt, nicht treuer gebetet, nicht fröhlicher geglaubt und nicht brennender geliebt zu haben ..."

„GLAUBST DU AUCH NICHT ..."

Ich kann ganz und gar nicht behaupten, daß mir vom Christentum eine Beruhigung herkäme ... Ich weiß nur das eine: daß die Anrede Gottes an den Menschen durch das Wort der Schrift, daß die Spiegelung aller Lebensvorgänge in solcher Anrede der Hauptinhalt meines Lebens ist.

Diese Tagebucheintragung (sie stammt vom 13. März 1935) drückt etwas von der tiefen Spannung aus, in der Klepper als Glaubender – das heißt: als auf jene Anrede Hörender – lebt. Auf der einen Seite erfährt er fast von Tag zu Tag aufs neue, daß sein Glaube nicht „beruhigt", kein schmerzfreies Leben ermöglicht, nicht unempfindlich macht gegen das Übel, das ihn in vielerlei Gestalt heimsucht. Auf der anderen Seite weiß er, daß ohne eben diesen Glauben – genauer: ohne diese Anrede – sein Leben für ihn nicht lebbar wäre. Was heißt das? Als Schlüssel zu einer Antwort mag das im „Kyrie" enthaltene Weihnachtslied dienen, das durch die adventliche Vision aus Sacharja (9,9) und durch ein Wort Luthers[1] inspiriert ist. Dreimal in fünf Strophen spricht Klepper dessen Aufforderung nach: *Sieh nicht an, was du selber bist.* Die Botschaft, zu deren Gefährt sein Gedicht wird, ist an den gerichtet, der vom Gewissen geplagt, an der eigenen Schwäche leidend, krampfhaft sich rechtfertigend, verfangen in das Unheil seiner selbst und der Welt lernen muß, daß ihn – wie der Volksmund sagt – jedes Hoffen auf sich oder etwas in dieser Welt zum Narren macht. Genau in dieser Situation aber flammt der eigentliche Glaube erst auf: die fast abenteuerlich anmutende Gewißheit, ganz und gar auf Gott zählen zu können – auf den Gott, der uns auch (nein: gerade) dann hält, wenn unsere eigene Hand uns nicht mehr zu halten vermag. Auf den Gott, der sich nicht in kühler Hoheit von den Suchern finden läßt, sondern selbst alles daransetzt, um die Verlorenen zu finden. Es ist der in äußerster Zuspitzung formulierte Rechtfertigungsglaube Luthers, wenn Klepper in der zentralen Strophe seines „Weihnachtsliedes" mit Worten der Bibel (2 Tim 2,13) singt:

> *Glaubst du auch nicht, bleibt er doch treu.*
> *Er hält was er verkündet.*

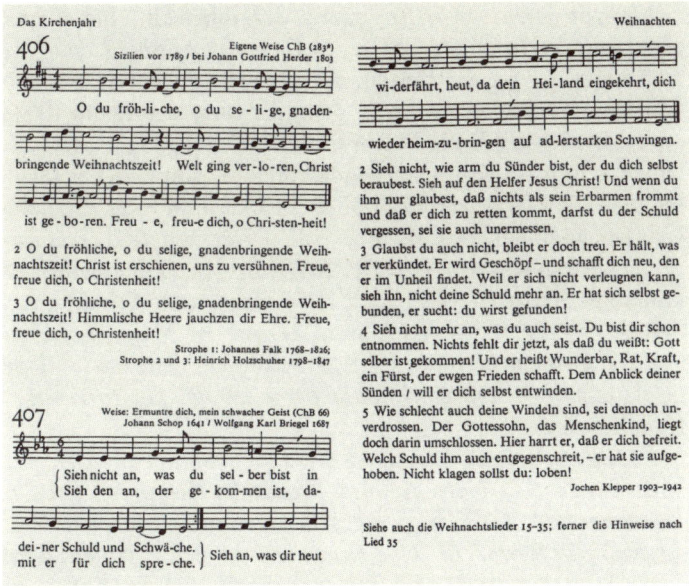

406

Eigene Weise ChB (283*)
Sizilien vor 1789 / bei Johann Gottfried Herder 1803

O du fröh-li-che, o du se-li-ge, gnaden-

bringende Weihnachtszeit! Welt ging ver-lo-ren, Christ

ist ge-bo-ren. Freu - e, freu-e dich, o Chri-sten-heit!

2 O du fröhliche, o du selige, gnadenbringende Weihnachtszeit! Christ ist erschienen, uns zu versühnen. Freue, freue dich, o Christenheit!

3 O du fröhliche, o du selige, gnadenbringende Weihnachtszeit! Himmlische Heere jauchzen dir Ehre. Freue, freue dich, o Christenheit!

Strophe 1: Johannes Falk 1768–1826;
Strophe 2 und 3: Heinrich Holzschuher 1798–1847

407

Weise: Ermuntre dich, mein schwacher Geist (ChB 66)
Johann Schop 1641 / Wolfgang Karl Briegel 1687

{ Sieh nicht an, was du sel - ber bist in
{ Sieh den an, der ge - kom-men ist, da-

dei-ner Schuld und Schwä-che. } Sieh an, was dir heut
mit er für dich spre - che. }

wi-derfährt, heut, da dein Hei-land eingekehrt, dich

wieder heim-zu-brin-gen auf ad-lerstarken Schwingen.

2 Sieh nicht, wie arm du Sünder bist, der du dich selbst beraubest. Sieh auf den Helfer Jesus Christ! Und wenn du ihm nur glaubest, daß nichts als sein Erbarmen frommt und daß er dich zu retten kommt, darfst du der Schuld vergessen, sei sie auch unermessen.

3 Glaubst du auch nicht, bleibt er doch treu. Er hält, was er verkündet. Er wird Geschöpf – und schafft dich neu, den er im Unheil findet. Weil er sich nicht verleugnen kann, sieh ihn, nicht deine Schuld mehr an. Er hat sich selbst gebunden, er sucht: du wirst gefunden!

4 Sieh nicht mehr an, was du auch seist. Du bist dir schon entnommen. Nichts fehlt dir jetzt, als daß du weißt: Gott selber ist gekommen! Und er heißt Wunderbar, Rat, Kraft, ein Fürst, der ewgen Frieden schafft. Dem Anblick deiner Sünden / will er dich selbst entwinden.

5 Wie schlecht auch deine Windeln sind, sei dennoch unverdrossen. Der Gottessohn, das Menschenkind, liegt doch darin umschlossen. Hier harrt er, daß er dich befreit. Welch Schuld ihm auch entgegenschreit, – er hat sie aufgehoben. Nicht klagen sollst du: loben!

Jochen Klepper 1903–1942

Siehe auch die Weihnachtslieder 15–35; ferner die Hinweise nach Lied 35

Abb. 36: *Jochen-Klepper-Lied im Ev. Kirchengesangbuch für Württemberg; in der württ. Ausgabe des Ev. Gesangbuches (1996) als Nr. 539 abgedruckt.*

> *Er wird Geschöpf – und schafft dich neu,*
> *den er im Unheil findet.*
>
> *Weil er sich nicht verleugnen kann,*
> *sieh ihn, nicht deine Schuld mehr an.*
> *Er hat sich selbst gebunden,*
> *er sucht: du wirst gefunden!*

Die Spannung, in der solche Gewißheit zur unmittelbar erfahrenen Realität (etwa einer bedrängten Ehe oder eines unmenschlichen Staates) steht, wird durch die Zusage des nahen Gottes nicht aufgehoben, aber sie wird „in tormentis", unter Schmerzen, lebbar. Luthers „Gott reißt das Übel nicht von der Person, sondern die Person vom Übel" ist ihm *ein hartes Wort für das Leben, das man liebt*, aber zugleich notwendige *Ergänzung der Bibel, ihre vollendete Exegese*[2].

Klepper findet diese Auslegung der Bibel ein- für allemal abgebildet in der Figur Christi, in *Gottes erträglicher Gestalt*, im demütigen König, im Hirten, der die neunundneunzig Schafe läßt, um das eine zu retten, in dem, der ohnmächtig am Kreuz endet. Daß dieses Ende in Wirklichkeit Durchgang sei, daß der leidende und am Kreuz sterbende Christus (von dem der Glaube weiß, daß Gott *ganz* in ihm ist) gleichwohl *nicht der ganze Gott ist*[3], kann uns ‚nur‘ als Botschaft zukommen: und eben darin als verwandelnde Kraft. Als Kraft, in den Gebundenheiten konkreter Existenz – also auch als immer wieder Schuldigwerdende – unser Leben zu führen. Darum ist Melancholie ein *großes Unrecht*, schreibt er 1938 an Reinhold Schneider, und nur als Ungläubige *wollen wir nicht heran an das „Fortiter pecca!"* (Sündige tapfer!)

Es fügt sich in die Paradoxie einer so beschriebenen Grundsituation des Glaubens ein, daß Phasen in Kleppers Leben zu erkennen sind, in denen er von sich sagen muß: *Ich bete nicht … Ich hoffe, ich fürchte, ich ahne nicht*[4]. Daß er sich trotzdem *durch Gott überwältigt* weiß, mag den Nährboden für das *Flehen und Betteln* hergeben, mit dem er sich gleichwohl an den Herrn seines Lebens wendet – an den, der selbst *eine seltene und verborgene Sache aus den Gebeten macht*. Er „bettelt" um *Ruhe für* seine *Arbeit*, ohne seine Frau *Hanni mit finanziellen Einschränkungen und dem Verlust der letzten beruflichen „Beziehungen" erschrecken zu müssen*[5]; er bittet darum, sich *wieder selbst erhalten zu können*[6], aber auch um Gottes Ja-Wort zum fertigen „Vater"[7] und um Kraft, damit er *nicht einer Lähmung und einer tiefen Müdigkeit verfällt*[8]. Und doch steht neben diesem elementaren Beten – Bonhoeffer spricht im Gefängnis einmal davon, daß das „Mißtrauen, mit dem wir es bei uns selbst begleiten, … nicht gut" sei[9] – zugleich ein ganz anderes Wort: der Hinweis auf den tröstenden Geist, welcher uns noch dort vertritt, wo wir *nicht zu beten wissen*[10]. Noch unter dem unmittelbaren Eindruck der „Kristallnacht" 1938 betet Klepper, *daß Gott mich auf nichts hören lassen möge, was in meinem Herzen vorgeht, sondern daß er mich durch diese Tage führen möge allein durch sein Wort*. Es ist das gleiche Sich-Verlassen auf Gott hin, die gleiche Getrostheit, in die auch das erwähnte Weihnachtslied aus dem „Kyrie" einmündet:

Abb. 37: Zerstörtes jüdisches Geschäft nach der „Kristallnacht" 1938

Nicht klagen sollst du: loben!

Diesen tröstenden Aufruf zum Lob und zur Anbetung vernimmt Klepper nicht als Stimme seines eigenen Herzens, auch nicht als Reflex einer Frömmigkeit, die in privatem Bibelstudium gründet. Die Wurzeln seines Glaubens empfangen ihre Kraft in der Teilhabe an der Gemeinde, oder wie Klepper genauer sagt: an der Kirche. Eine Eintragung im Tagebuch aus den Wochen nach der Entlassung beim Ullstein-Verlag (1935) konkretisiert diesen Nährboden. Klepper weiß, daß seine äußere Existenz jetzt unsicherer sein wird, aber zugleich wird er Raum gewinnen für die Arbeit an seinem Buch und nicht mehr jede freie Stunde zum Schreiben nutzen müssen. *Möchten die völlig veränderten Verhältnisse wenigstens das bringen: den Sonntag zu feiern.* Weil *das ganze Herz danach verlangt*[11], darum empfindet er es als doppelt belastend, wenn Predigten im Sonntagsgottesdienst nicht zu sättigen und zu stärken vermögen: *Man braucht dringend einen Zentner Kartoffeln und bekommt ein Päckchen Pfefferkuchen*[12]. Darum ist es aber auch so wichtig und

Abb. 38: Der Züricher Kirchenmusiker und Schriftsteller Walter Tappolet (1887–1991) mit seiner Frau

beglückend für ihn, den Schriftsteller und Liederdichter, *von der Kirche her* erkannt zu werden: als in der Kirche und für die Kirche Redender[13]. Gerade der Mensch, der von den Worten des Evangeliums sagen kann, *man glaubt sie zu sich selbst gesprochen*, sorgt sich, als Einzelgänger zu gelten, Einzelgänger zu werden. *Der Wall gegen den Individualismus, der Trost in den Zweifeln, man lege sie willkürlich aus: daß man weiß, viele, viele andere erfahren es genau so*[14].

Wenn auch Klepper auf den schon 1935 (durch Kurt Meschke) an ihn herangetragenen Vorschlag, sich der ökumenisch ausgerichteten Michaelsbruderschaft anzuschließen, nicht eingeht – *weil mir in der Kirche jeder besondere Zusammenschluß, von Menschen gewollt, so fremd ist* –, so spürt er doch, daß sich hier zugleich die *Möglichkeit* anbieten könnte, *seine Arbeit tun zu dürfen im Auftrag der Kirche und in der Kirche eben diese eine Arbeit durch das Wort*[15]. Zwar bleibt es bei Kleppers Entscheidung gegen eine engere Bindung zur Berneuchener Bewegung[16], aber

78

die Kontakte reißen nicht ab. Er glaubt die Gefahr des *Musealen* und *Rekonstruierenden zu* spüren, wo man *die großen Maßstäbe wieder anlegt und den Anschluß an die große Tradition wiederherstellt* (so am 15. Juli 1939 sein Kommentar im Tagebuch nach einer kirchenmusikalischen Veranstaltung im Spandauer Johannesstift, die mit der Deutschen Messe schloß); aber zugleich empfindet er Freude und Genugtuung, als er durch das Votum eines Schweizer Michaelsbruders, den Kirchenmusiker und Schriftsteller Walter Tappolet, selbst ein Stück zu jener Tradition beitragen kann: *daß in einer gekürzten Fassung mein Abendlied nun in das neue evangelische Kirchengesangbuch der deutschen Schweiz kommt*, ist das, *was ich erst am Ende meines Lebens für möglich hielt, ja, nach dem Tode*[17]. Der in solchen und ähnlichen Äußerungen sichtbar werdende Bezug zur Kirche wird später fast zu einem Angewiesensein auf die Kirche als den Ort, den er braucht, um Grund für sein Leben zu gewinnen. 1941, kurz nach dem Einfall der deutschen Truppen in Rußland, schreibt Jochen Klepper: *Ist nicht dort, wo ich fromme Offiziere und Kameraden finde, zwei oder drei in „Seinem Namen", schon der Ort, zu dem der Engel mich geleiten soll und der mir von Gott bereitet ist?* Und sechs Wochen später, am 3. August, hält er *das Gedenken an Haus und Gemeinde* im Tagebuch fest, *mit denen ich sonntags um 11 Uhr, zur Zeit des Kirchengebetes, immer bete, ihnen in ihrem Gottesdienst verbunden zu sein.*

Es mag zweifelhaft sein, ob es allein dieser ökumenische, von der Verbundenheit mit den Schwestern und Brüdern lebende Glaube ist, der ihn gelegentlich zu befremdenden kirchenpolitischen Urteilen hinreißt: vor allem über die „Bekennende Kirche", deren Stellungnahmen gegenüber dem nationalsozialistischen Staat und seiner Kirchenpolitik *ein menschliches, weithin politisches Beginnen* sei, *Spaltungen ohne Auftrag und Notwendigkeit*[18]. Könnte hier nicht auch seine eigene Grenze zum Politischen hin, vor allem aber seine viel mehr der vita contemplativa als der vita activa entsprechenden Natur zum Tragen kommen? Oder drückt sich gerade an dieser Stelle mehr aus: vielleicht die Skepsis gegenüber theologischen Positionen, die sich um der Selbsterhaltung der Kirche willen artikulieren? In diese Richtung verweist eine Tagebuchnotiz wie die vom 17.2.1940, in der er einen Brief des Generalsuperintendenten Otto Dibelius

Abb. 39: Propst D. Heinrich Grüber (bis 1938 Pfarrer in Kaulsdorf) leitete von 1938 bis zu seiner Verhaftung 1940 das „Hilfswerk der Kirche für die Brüder und Schwestern in Israel" und ermöglichte zahlreichen Deutschen jüdischen Glaubens und „nicht-arischen" Christen die Auswanderung

erwähnt: *... neben manchem sehr brauchbaren Kritischem zu meinen Liedern so viel Trennendes in Sachen Bekenntniskirche. Sie sind ja alles andere als die „Stillen im Lande", als die „urchristliche Gemeinde". Sie wissen ja gar nicht, was unentrinnbares, von Gott her notwendiges Leiden ist ... Sie richten Mauern auf, und über allem kämpferischen Bekenntnis schweigt die Verkündigung der Botschaft der Liebe. Diese Kirche wird mich nie singen lehren*[19]. Kleppers Urteil trägt allzu deutlich die Züge seines eigenen Wesens, und zur gleichen Zeit hofft er für Frau und Tochter auf die Hilfe von Theologen wie Gollwitzer und Grüber – Männern der Bekennenden Kirche also, die für die Leidenden und Verfolgten ihr Leben riskierten. Und dennoch: Das von Klepper Gemeinte zielt tiefer – zielt darauf, daß zwar die rechte Lehre eines ist, ein anderes aber das rechte Verhältnis (zu Gott) und das darin wurzelnde rechte Verhalten (gegenüber den Menschen). Rechthaben wollen, den Platz behalten wollen, Subjekt der Ereignisse bleiben wollen – diese Grundeinstellung fürchtet er offensichtlich auch bei den ökumenischen Bestrebungen, die er kennenlernt. Das Gegenbild dazu sieht er im ältesten Sohn des letzten Königs von Sachsen, in Pater Georg SJ, dessen *ökumenische und irenische Haltung* ihn und wohl auch andere stark beeindruckt haben muß. *Bei ihm kommt diese Haltung nicht von der gemeinsamen politischen Bedrohung der beiden Kirchen her, sondern sie folgt aus der Beugung vor einem göttlichen Geheimnis*[20]. Vermißt Klepper diese „Beugung vor einem göttlichen Geheimnis" bei manchen evangelischen Pfarrern, die er – der ursprünglich selbst Theologe war – nun aus der Sicht des einfachen Gemeindegliedes und Predigthörers kennenlernt? Erkennt er, dessen Glaube so eng mit dem Eigensten seiner Person verbunden ist, um so schärfer, wo sich Menschlich-Allzumenschliches in das hineinmischt, was als Bekenntnis ausgegeben wird? *Von den „bekenntnistreuen" Gottesdiensten muß ich allmählich sagen: Die Kirche wird auch das überdauern. Daß Pastoren, und zwar der bessere Teil, plötzlich nach vertanem Leben einen Lebensinhalt gefunden zu haben glauben, spricht ebenso stark in der Bewegung mit wie die Politik. Dieses Neue, weil es so fest auf der Schrift zu fußen scheint, ist gefährlich. Es bietet keine Angriffsfläche*[21]. Was Klepper mit den letzten beiden Sätzen meint, wird klarer im Lichte einer Bemerkung, die sich knapp vier Jahre später (Ostern 1939) im Tagebuch findet: *Hart kommt mich der Gemeindegesang an; hart die „Agende"; es herrscht ein furchtbarer Verfall der Liturgie ... Gottes Wort ist noch da; Feier und G o t t e s d i e n s t nicht mehr*[22]. Daß hier eine andere Ebene angesprochen ist als die ästhetische, zeigt der Kontext einer ähnlichen Äußerung (vom 15. Dezember 1935), in der Klepper die fehlende Echtheit der Neubesinnung in der Kirche beklagt. *Pose und Doktrin* diagnostiziert er, wo es im *Anfang* doch *wirklich etwas wie Märtyrer* gab[23]. Kann jedoch von einer Kirche, die im Posieren oder aber im Demonstrieren reiner Lehre Chancen für das eigene Überleben sieht, erwartet werden, daß sie sich öffentlich für die Verfolgten einsetzt? Der Vereinzelung derer, die immerhin an bestimmten Punkten Mut zeigen und über bekanntwerdende Untaten nicht länger schweigen (Theophil Wurm, der württembergische Landesbischof, oder Clemens August Graf von Galen, Bischof von Münster), dieser Vereinzelung steht dann auch das Einzelschicksal der Alleingelassenen gegenüber – derer, die entweder zur Zahlung hoher *Bestechungssummen … an SS-Leute für Arisierungsvorgänge*, für *falsche Pässe* und für Belege über *illegale Vaterschaften* bereit sind, oder aber dies alles für *indiskutables Paktieren mit der Unterwelt* halten und nur noch mit *Erschöpfung* registrieren können, daß sie von der verfaßten Kirche im Stich gelassen werden[24]. In dieser auf vielerlei Ebenen zwiespältigen Situation ist es die Beziehung zu einem Menschen außerhalb der Ehe, die Jochen Klepper immer wieder erfahren läßt, was Ökumene tatsächlich bedeuten kann – seine Freundschaft mit dem katholischen Dichter und Schriftsteller Reinhold Schneider[25]. *Jedes Zusammensein mit Schneider und Hanni bleibt seltsam: der einzige Mann, die einzige Frau. Nie soll noch jemand hinzukommen. Das ist mein letzter Kreis*, schreibt er am 28. Juni 1936 ins Tagebuch, und ein halbes Jahr später zitiert er seine Frau, die beim Erhalt eines Briefes von Reinhold Schneider sagt: „Sonst haben wir doch niemand zu verlieren." Der engere Kontakt zwischen beiden[26] war 1934 zustandegekommen, als Klepper – am „Vater" arbeitend – Schneiders Buch über die Hohenzollern und einen Aufsatz über historische Romane im „Eckart" las und daraufhin an Reinhold Schneider schrieb. Der nun sich entspinnende Briefwechsel und die gelegentlichen Besuche hin und her sind der Rahmen eines Gedankenaustausches, in dem beispielhaft „das brüderliche Zueinanderfinden der getrennten Christen einfach Ereignis wurde"[27]. Es ist das Erstaunliche an dieser Begegnung, daß sich die beiden Menschen nicht in einem Freiraum außerhalb ihrer Konfessionskirchen trafen, sondern gerade als Christen einer ganz bestimmten geschichtlichen Herkunft. Reinhold Schneider weiß sehr genau um „die unentrinnbare Schicksalsgewalt der konfessionellen Gegensätze", er ist sich dessen bewußt, „wie katholisch" er ist[28] – aber eben das gerade im Lichte der Selbstdefinition, die der evangelische Christ gegenüber dem katholischen Verständnis von Christ-Sein gibt: *Ihr arbeitet angesichts der Ver-*

Abb. 40: Reinhold Schneider (1903–1958)

*geblichkeit vor Menschen, doch des Verdienstes vor Gott – wir müssen
zu der Vergeblichkeit vor Menschen noch die Verwerflichkeit all unseres Tuns vor Gott ertragen*[29]. Fast zwei Jahrzehnte später spricht
Reinhold Schneider von dem „großen Anteil", den Jochen Klepper an der „Wiedererrichtung des Kreuzes" in seinem Leben
hatte[30]. Das Wort Wiedererrichtung mag darauf verweisen, daß
es eine Phase in Schneiders Leben gab, in der er schon einmal
der Ohnmacht seines Glaubens und damit des radikalen Ange-
wiesenseins auf Gott innegeworden war[31]; wie sehr ihn aber die
eigene Existenznot in die Nähe des Klepperschen Denkens und
Glaubens führte, sollte sich erst in den Selbstreflexionen erweisen, die er im Winter 1957/58 – unmittelbar vor seinem Tode –
niederschrieb: „Aus einer unbegrenzbaren kosmischen Dunkel-
wolke schimmert schwach ein einziger Stern; das muß uns genug
sein ..."[32] Schloß darum Werner Bergengruen die Grabrede für
Reinhold Schneider[33] mit Versen des Dichters, die – wie Kleppers „Die Nacht ist vorgedrungen" – dem Versmaß folgen, das
auch dem Passionslied „O Haupt voll Blut und Wunden"
zugrundeliegt?

> Ich will mein selbst vergessen
> am Saum der Erdennacht
> und an das Kreuz mich pressen
> mit meiner Seele Macht;
> kein Wort soll mich erreichen,
> das, Herr, Dein Mund nicht sprach.
> Gewähre nur ein Zeichen,
> so folge ich Dir nach.
>
> Aus ungeheuren Räumen,
> darin das Grauen webt,
> schreckt, gleich verworrnen Träumen,
> der Tod, der vor Dir bebt.
> Ich seh' Dein Antlitz strahlen,
> kein Wort gleicht Deinem Wort,
> und über Zweifelsqualen
> reißt mich die Liebe fort.

Die Zweifel, die den Beter im Dunkel der „Erdennacht" quälen,
die Heimatlosigkeit in den „ungeheuren" Räumen und die

Abb. 41: Reinhold Schneiders Grab auf dem Baden-Badener Friedhof

Angst angesichts des in ihnen webenden „Grauens" verlieren ihre bannende Kraft vor dem „Strahlen" von Gottes Antlitz; die Liebe „reißt" fort und heraus (fast fühlt man sich an Luthers „... sondern die Person von dem Übel" erinnert) – es ist die Liebe, die in der Gestalt des tröstenden und stärkenden Wortes zu uns kommt. Das erbetene „Zeichen" wird hier und jetzt allein dem Hörenden zuteil: dem, der sich darauf einläßt, den Weg von Bethlehem nach Golgatha mitzugehen. Es wird dem zuteil, der unter Gottes Zuspruch die Wirklichkeit in ihren Spannungen und Brüchen – theologisch formuliert: die gefallene Welt – annimmt. Er allein vermag das ihr durch Christus

85

eingezeichnete Bild des Kreuzes zu erkennen und darum selbst ‚bildhaft' (das heißt: auf Gott verweisend) zu leben[34].

In den von Bergengruen zitierten Versen R. Schneiders klingt an, was Klepper im Sommer 1937 – mit Luther – als den *fortschreitenden* und den *vollendeten Glauben* reflektiert. Jener *glaubt* (im Gegensatz zum *anfangenden* Glauben, der sich an Wundern und Zeichen entzündet) *dem bloßen Wort ohne Zeichen und Werke; man kann ihn nur durch das Leben, durch die Bitterkeit der Erfahrung gewinnen. Der vollkommene Glaube gibt sich selbst dar ohne Zeichen und Worte, er hat nichts Besonderes, das er glaube, denn er glaubt mehr, als ihm zu glauben kann vorgelegt werden, er nimmt alles, was da ist und geschieht, als von Gott kommend an und bezieht alles auf Gott und die unsichtbaren Dinge: „Der Gerechte lebt aus dem Glauben"*[35]. Solchem Glauben entspricht auf der Seite des Umgangs mit den Dingen und Ereignissen in der Welt das, was man vielleicht als befreiende Nüchternheit bezeichnen müßte: sie werden einerseits nicht mehr mit falschen Hoffnungen besetzt, zum anderen verlieren sie ihre brennende Macht über das Gewissen des Menschen. Das Tagebuch illustriert diesen Zusammenhang, wenn dort die zitierte Erinnerung an Luthers theologische Grundgedanken im Kontext ganz konkreter Erfahrungen aufbricht: angesichts der Frage, ob ihm in der Aussetzung des Verbots „kammerpflichtiger Tätigkeit"[36] eine *gnädige Zurechtweisung* widerfahren ist, die *in der schweren und doch noch so gnädig behüteten Wartezeit* den Beginn der Arbeit an einem zweiten großen Buch ermöglichen soll[37]. Ja, die ganz äußerlichen Schwierigkeiten bei den Vorbereitungen für den Luther-Roman und sogar die Maßnahmen des Staates selbst – also auch der Ausschluß aus der Schrifttumskammer und das drohende Berufsverbot – liegen für Klepper nicht außerhalb des Geschehens, das ihm von Gott her bereitet ist. *Den gegenwärtigen Zustand betrachte ich durchaus nicht als ein Zwischenstadium. Gott wird uns immer wieder in Wartezustände versetzen, die zusammen das eigentliche Leben ausmachen: Leben aus Pfingsten und Advent. „In der Welt habt ihr Angst."* Das Wort, mit dem die Tagebucheintragung vom 30.4.1937 schließt, ist zugleich Diagnose und Heilszuspruch an diejenigen, die ER „für kurze Zeit" (Joh 16,16) in der Welt zurückläßt: „... aber seid getrost, ich habe die Welt überwunden."

Abb. 42: Martin-Luther-Gedächtniskirche, Berlin-Mariendorf

Indem sich Klepper immer wieder neu dieser tröstlichen Zusage erinnert, gewinnt er zugleich die Kraft, an die mit ihm verbundenen Menschen etwas von der Freiheit weiterzugeben, die

Abb. 43: Altar der Martin-Luther-Gedächtniskirche, in der Johanna getauft und die Eheleute kirchlich getraut wurden

ihm selbst zuteil geworden ist. Am stärksten wird das sichtbar an der Beziehung zu seiner Frau und ihrem Weg in die christliche Gemeinde. Als angesichts der propagandistisch aufgeheizten Pogromstimmung während der ersten Monate des Hitler-Regimes Kleppers Frau mit ihren Kindern erwägt, zur evangelischen Kirche überzutreten – *über die Motive sind wir uns im klaren* –, weiß Klepper gleichwohl: ... *auch aus solcher Taufe kann Gott etwas anderes machen*[38]. Aber die Entscheidung braucht dann doch Zeit und Reife. Drei Jahre später – am 7. März 1936 – notiert Klepper im Tagebuch: *Hannis Glaube bleibt mir ein Geheimnis ... Ich glaube, daß der Glaube Stufen hat und daß Gott uns diese Stufen führt.* Darum kann er selbst sich *fernhalten* und sein ganzes Vertrauen darauf setzen, daß *durch das Zusammenleben* (mit ihm) *die Schrift in Hannis Leben getreten* ist. Wenn er sich auch wünscht, seine Frau möge Christin werden – nicht zuletzt deshalb, weil er eine Verbesserung ihrer gemeinsamen Situation im NS-Staat erhofft[39] –, kann er doch in Geduld dem Augenblick entgegenleben, an dem Johanna aus freien Stücken die Taufe begehrt und damit das Tor zur Einsegnung der Ehe öffnet.

Daß Johannas Taufspruch (1 Tim 6,12) für ihn *von Kämpfen weiß, in denen ihr Glaube sich bewähren muß* (so wie Jesajas „Fürchte dich nicht!" über seiner eigenen Taufe *alle Angst des Lebens ankündigt*[40]), signalisiert aber noch einmal den engen Zusammenhang zwischen „allen Lebensvorgängen" und der „Anrede Gottes durch das Wort der Schrift", zwischen den vielfältigen Erfahrungen (gerade auch des Scheiterns und der Bedrängnis) und der Gewißheit, von Gott gehalten zu sein. Das *Herz ist gebrochen, der Wille zermürbt, der Geist gelähmt*, schreibt Klepper am Sonntag Kantate 1941 (während eines kurzen Heimat-Urlaubs), und er fährt fort: *aber der Glaube gewachsen, so daß alles wieder heilen kann.* Dieser wachsende Glaube entzündet sich geradezu an den ihm widerstreitenden Erfahrungen: an der Verborgenheit des von Gott verheißenen Lebens[41], an der Differenz zwischen Gottes Gebot und der eigenen Lebensentscheidung[42], am Verrinnen der Zeit, das wir allein dort sehenden Auges zu ertragen vermögen, wo wir *immer wieder die Erfüllung von Gott her erfahren*[43].

Dieser an der Wirklichkeit bewährte – d. h. als Wahrheit erwiesene – Glaube, macht den in das jüdische Leiden einge-

Abb. 44: Leo v. König: Ernst Barlach. „Im Barlach-Porträt liegt alles gelähmte Entsetzen des Alten, Geistigen vor dem Ausbruch solcher neuen Zeit." (Klepper, 14.9.1937) „Ich erfahre ... eine Ausgestoßenheit, die der Preisgabe an Vernichtung gleichkommt." (Barlach, Juli 1937)

bundenen Dichter sensibel für alles Leiden, das er in seiner Zeit und Welt wahrnimmt. Dieser Glaube macht ihn hellhörig für die Stimme dessen, der ihn und alle Menschen in Schicksal und Schuld anredet. Dieser Glaube macht ihn tapfer gegenüber dem Unbegreiflichen und läßt ihn Stand gewinnen, wo die Möglichkeiten des Einzelnen (vielleicht sogar des Menschen überhaupt) an ihr Ende gelangen. Angesichts der Ächtung von Künstlern wie Nolde und Barlach durch den nationalsozialistischen Staat, angesichts des im Bürgerkrieg und an ausländischen Interventionen *verblutenden Spaniens* erkennt Klepper, was für ihn die geschichtliche Situation des Glaubens und des Glaubenden ist: *Der Hintergrund des großen Untergangs erhebt sich ... immer dunkler, schwerer, völliger. Die Zeit ist endgültig da, in die Stille zu gehen, dem Chaos die Sammlung entgegenzusetzen, der hektischen Aktivität zu begegnen mit dem Gebet, dem Eigenlob, der Ruhmsucht mit der Buße, dem Schein mit dem Gehalt, der unerträglichen Erregung mit der Geduld*[44]. Diese Erkenntnis des – nur für ihn? – Notwendigen gründet fraglos auch in einem Wissen um die eigenen Möglichkeiten und Grenzen. Aber die eigentlichen Wurzeln solcher die Kräfte sammelnden Selbstzucht liegen wohl in den, was er in seinem ersten „Weihnachtslied" ausspricht:

> *Noch manche Nacht wird fallen*
> *auf Menschenleid und -schuld.*
> *Doch wandert nun mit allen*
> *der Stern der Gotteshuld.*
> *Beglänzt von seinem Lichte,*
> *hält euch kein Dunkel mehr.*
> *Von Gottes Angesichte*
> *kam euch die Rettung her.*

AMT DES SCHRIFTSTELLERS

Über die Frage, ob Jochen Kleppers literarisches Werk bleibenden Wert, bleibende Bedeutung habe, steht uns ein Urteil schwerlich zu. Der äußere Umfang – zwei Romane, ein Fragment, ein Bändchen Gedichte und einige wenige kleinere Arbeiten – will gering erscheinen; nimmt man aber die in zwei Bänden veröffentlichten Tagebücher hinzu und bedenkt man vor allem die Kürze seiner eigentlichen Schaffenszeit, so verschiebt sich das Bild deutlich. Noch zurückhaltender wird sich derjenige äußern, der um die Mühsal weiß, die für Klepper mit dem Schreiben verbunden war. Das „in tormentis", dem Klepper bei der Beschäftigung mit Friedrich Wilhelm I., dem malenden Preußenkönig, nachging, galt für ihn selber; wie die Bilder des Königs „in Fesseln" entstanden, so schrieb auch Klepper „in Fesseln" und „unter Qualen".

Es ist nicht leicht, ein Erzähler zu sein, wenn es einem fortwährend die Sprache verschlägt[1]. Diese Einschätzung der eigenen Situation vom September 1933 zielt wohl zunächst auf die äußeren Bedingungen seines Schaffens. Er, der mit einer Frau jüdischer Herkunft Verheiratete, muß in staatlichen Verlautbarungen lesen, „Mischehen mit Fremdrassigen" seien „Grund für geistige und seelische Entartung wie für die Entfremdung dem eigenen Volk gegenüber"[2]. Er, der an eben diesem eigenen Volk *in seiner unbefangenen, natürlichen Entwicklung immer mehr hängt* und sich *immer mehr als Deutscher fühlen gelernt* hat, erlebt *diese Schande*[3].

Zu den *Störungen*, gegen die er die schriftstellerische Arbeit mit der *Pedanterie* seiner Tageseinteilung durchsetzen muß, gehören zunächst die wirtschaftlichen Probleme und die Forderungen derer, von denen er sich abhängig fühlt: die Verlage[4]. *Wie das noch ausgehen soll – ich darf nicht daran denken, sondern muß weiter arbeiten, die Fülle und Weite dieses großen Lebens vor Augen und zur Enge, nicht zur Beschränkung verdammt. Hier ist schon nicht mehr Zucht, sondern Zwang*, schreibt er im Juli 1935 – eineinhalb Jahre vor Vollendung des „Vater"-Romans – ins Tagebuch.

Neben diesen äußeren Bedingungen sind es aber vor allem die inneren, die sein literarisches Schaffen mitbestimmen: Die

Abb. 45: Titelseite zu „In tormentis pinxit" (Erstausgabe)

Stimmungen, die *Verringerung des inneren Elans*, die Furcht, *daß das, was man ... Erfolg nennt, nicht lohnt*[5] – und der leidenschaftliche Anspruch, Dichter zu sein: *wirkliche Arbeit zu leisten*, nicht aber dem *schrecklichen Journalismus* zu dienen, *in dem es nur noch ums 80-Zeilen-Format geht*[6]. In einer für ihn ungewöhnlichen ironischen Schärfe hatte sich Klepper 1931 in einem Aufsatz mit den gängigen Erwartungen an junge Literaten auseinandergesetzt und bei dieser Gelegenheit formuliert, was ihm als Forderung an den Schreibenden wichtig erschien: *Beschränkungen und Deutlichkeit ..., das Menschliche auf seine einfachste Formel zu bringen*[7]. Darin aber – und hier liegt für Klepper das eigentliche Problem – sah er nicht allein eine literarische Aufgabe. *Von Eltern, Kindern, Mann und Frau* zu reden, *vom Idyll, vom Kampf, vom Abgrund, der jedes Leben umschließt*[8], das war für ihn zugleich theologische Arbeit. „Das Menschliche" zu Wort bringen, Leben in Sprache zu fassen – das bedeutet für Klepper *unausge-*

setzte Taufe des Erfahrbaren. *Namen geben, Namen geben allen Dingen, die schon ihren Namen tragen und immer von neuem getauft sein wollen, bis sie ihren ewigen Namen tragen.* Und wenig später – in der gleichen Tagebucheintragung, die dieses ,Programm' enthält – erinnert sich Klepper seiner eigenen Taufe und des Wortes aus Jesaja, das über seiner Taufe stand: *„Ich habe dich bei deinem Namen gerufen, du bist mein." So zu den Dingen und Menschen zu sprechen, ist die Dichtung. So Gott zu einem selbst sprechen zu hören, ist der Glaube. Wo Gott mich nicht kennt, kann ich das Leben und seine Träger nicht nennen. Wenn Gott mich nicht anredet, kann ich vom Leben nichts aussprechen*[9].

Dieses „taufende" Reden und Schreiben, dieses Reden vom Leben vor Gott als Reden von Gott auf das Leben hin ist für Klepper zugleich werbendes Reden für Gott. *Was will ich den Menschen sagen? Vom Glauben an den deus absconditus und an den deus revelatus*[10], vom Vertrauen auf den verborgenen und doch offenbaren Gott. Klepper versteht sich als Prediger, wenn er Gott darum bittet, er möge ihm das *Pfarramt und das Pfarrhaus auch als Schriftsteller* geben[11]. Der Dichter kann diesen Gebetswunsch aussprechen, weil er weiß, daß er unter einer Aufgabe steht *(wobei auf dem Wortbestandteil „Gabe" der Schwerpunkt ruht)*, und diese Aufgabe erfaßt er in der Formel *Schriftauslegung durch Erzählung.* Der *Choral*, der *aus der Kakophonie unseres Daseins herausgelöst werden soll, wird nur einen biblischen, und zwar „objektiven" Text haben dürfen: Also hat Gott die Welt geliebt*[12]. Und darum ist die Bibel *der innere und äußere Maßstab*[13] für Kleppers erzählerisches Tun – auch dort, wo er „nur" *einzelnes* und *geschichtliches Leben* thematisiert[12]. Er versteht seine schriftstellerische Arbeit in Analogie zu *den Rezitativen, Arien und Zwischenmusiken* Bachs: sie soll *hinführen zum Choral; vom Subjektiven, Künstlerischen zum Objektiven, Kirchlichen*[13]. „Christliche" Dichtung ist ihm Erfüllung dessen, wozu der Epheserbrief (5,19) und der Psalter (Ps 105,1f) aufrufen: Lobgesang, Dank und zugleich Anleitung dazu[14]. Die darin mitgesetzte Verantwortung des Dichters ist deshalb notwendig eine doppelte: Verantwortung gegenüber Gott, dessen Anrede und Anspruch vom Dichter – wie vom Prediger – zu übersetzen und auszulegen ist, und Verantwortung gegenüber denen, die jene Anrede und jenen Anspruch hören sollen. Die Verantwortung des Dichters

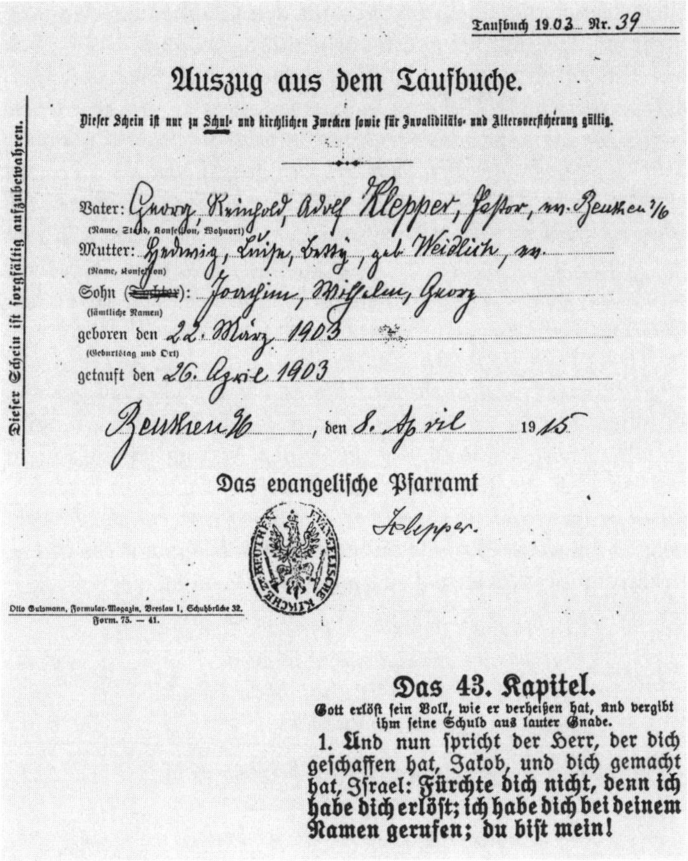

Auszug aus dem Taufbuche.

Dieser Schein ist nur zu Schul- und kirchlichen Zwecken sowie für Invaliditäts- und Altersversicherung gültig.

Dieser Schein ist sorgfältig aufzubewahren.

Vater: *Georg Reinhold Adolf Klepper, Pastor, in Beuthen 2/6*
(Name, Stand, Konfession, Wohnort)

Mutter: *Hedwig, Luise, Irma, geb. Weidlich, in*
(Name, Konfession)

Sohn (~~Tochter~~): *Joachim, Wilhelm, Georg*
(sämtliche Namen)

geboren den *22. März 1903*
(Geburtstag und Ort)

getauft den *26. April 1903*

Beuthen 96, den *8. April* 19*15*

Das evangelische Pfarramt

Klepper.

Otto Gutsmann, Formular-Magazin, Breslau I, Schuhbrücke 32.
Form. 75. — 41.

Das 43. Kapitel.

Gott erlöst sein Volk, wie er verheißen hat, und vergibt
ihm seine Schuld aus lauter Gnade.

1. Und nun spricht der Herr, der dich
geschaffen hat, Jakob, und dich gemacht
hat, Israel: Fürchte dich nicht, denn ich
habe dich erlöst; ich habe dich bei deinem
Namen gerufen; du bist mein!

Abb. 46: Taufschein-Ausfertigung (unterschrieben von J. Kleppers Vater als dem zuständigen Pfarrer) und Taufspruch (Jesaja 43,1)

schließt künstlerische Strenge (und das heißt: Absage an *Pseudo-Wortschöpfungen und modische Wortverbindungen und -erfindungen*[15]) ebenso ein wie theologische Redlichkeit.

Damit ist ein Punkt berührt, der letztlich auch Kleppers eigenes Bemühen in Frage stellen muß. Denn zur theologischen Redlichkeit gehört für ihn zugleich das Festhalten an der reformatorischen Einsicht, daß das Endgültige auch im Glauben

95

allemal noch aussteht, daß auch für den Glaubenden der Weg nicht am Tod, am Scheitern vorbeiführt, daß alles Tun – auch das Tun aus Glauben – der Vergebung bedarf. Dies bedeutet, daß *protestantische Dichtung fast unmöglich ist ... Sie ist ein Lob Gottes, für das man Gottes Vergebung braucht. Sie steht völlig auf der Seite der Sünde, der Friedlosigkeit, der Schuld und des Übels, ist „Leiden dieser Zeit" und nichts von „Herrlichkeit, die an uns soll offenbart werden". Sie ist kein Schritt auf Gott zu, sondern Abkehr von Gott: Lüge, Eitelkeit, Voreiligkeit, Oberflächlichkeit, Schönrednerei, Dialektik. Gott freilich kann es bewirken, daß er auch aus diesem Wust von Lüge und Eitelkeit spricht; der diesen Wust schreibt, wird es nie auch nur ahnen können, wenn Gott sich zu solcher „Dichtung" bekennt*[16]. Damit ist der Dichter, der sich als Prediger und Prophet versteht, in eine kaum zu tragende Spannung hineingestellt: Er ist der Bote, der um seinen Auftrag letztlich nicht weiß; daß er ihn hat, *muß geglaubt werden das Leben hindurch, genau so zweifelnd und angstvoll und vermessen wie die Erwählung*[17]. Im zweiten Prophetengedicht[18] hat Klepper diese eigene Erfahrung objektivierend auszudrücken versucht:

> *Kein Prophet sprach: „Mich Geweihten sende!"*
> *Eingebrannt als Mal war es in allen:*
> *Furchtbar ist dem Menschen, in die Hände*
> *Gottes des Lebendigen zu fallen.*
>
> *Kein Prophet sprach: „Mich Bereiten wähle!"*
> *Jeder war von Gottes Zorn befehdet.*
> *Gott stand dennoch jedem vor der Seele,*
> *wie ein Mann mit seinem Freunde redet.*
>
> *Kein Prophet sprach: „Gott, ich brenne!"*
> *Jeder war von Gott verbrannt.*
> *Kein Prophet sprach: „Ich erkenne!"*
> *Jeder war von Gott erkannt.*

Gerade diese Zeilen aber – Nachzeichnung biblischen Prophetenschicksals und zugleich Reflex des eigenen Weges – drücken aus, daß die Erfahrungen des dichtenden Predigers mit dem übernommenen Auftrag nicht nur Last sind, an der sich der Tragende wundscheuert. Wo Gott „wie ein Mann mit seinem Freunde redet", wo der Angeredete „von Gott erkannt" ist, und das heißt im biblischen Sprachgebrauch: wo er sich von Gott geliebt weiß, da entsteht neue Freiheit – die Freiheit dessen, der nicht mehr gezwungen ist, auf sich selbst und seine Kräfte zu vertrauen, da ein Anderer ihn hält.

Diese Freiheit gibt dem Prediger (und dem Dichter) den Mut, dessen er bedarf, um konkret in seine Situation hinein zu sprechen: zum Beispiel in die eines Volkes hinein, das sich unter dem Einfluß massiver Propaganda wie unter *einer schweren Krankheit* verändert – das dem Unrecht huldigt, welches „in der Gestalt des Lichtes, der Wohltat, der Treue, der Erneuerung, … des geschichtlich Notwendigen" (Bonhoeffer)[19] erscheint, und seinen Verführern jubelnd zustimmt. *Die Aufgabe des deutschen Dichters vor seiner Nation in dieser Zeit? Buße zu predigen* – vor allem gegenüber einer *Hybris,* die *mit der Vollendung der propagandistischen Technik … erst ihr wahres Gesicht gezeigt* hat[20].

Allerdings: zur Situation, in die hinein das richtende und zurechtbringende Wort Gottes lautwerden will, gehört auch der Bote selbst, sein Standort, seine unverwechselbare Art des Hörens und Sprechens, seine Art des Wahrnehmens und Reagierens. Kleppers eigener Ort ist bestimmt durch seine Zugehörigkeit zum deutschen Volk in dieser Phase der Geschichte, durch seine Ehe mit der Jüdin Johanna Stein, die er schützen will, und durch sein Christsein. Darum ist es fast selbstverständlich (um nicht zu sagen: natürlich), daß er seine Botschaft in Verhaltenheit formuliert – nicht in spektakulären Zeichenhandlungen wie der Prophet des Alten Bundes, sondern als Wort eines „Stillen" an die „Stillen im Lande". Einer, der nicht einstimmt in das Lob der Mächtigen, wendet sich an Zeitgenossen, die sich ein Ohr bewahrt haben für die leise werbende Stimme des Evangeliums und für die mahnenden, aus der Vergangenheit in unsere Gegenwart herein sprechenden Erfahrungen der Geschichte. Damit sind die Redeweisen des Predigers Jochen Klepper vorgezeichnet: das in der Gemeinde für die Gemeinde gesprochene Wort – seine geistlichen Lieder also – und der behutsame Versuch, über das Erzählen von Vergangenem das Heute durchschaubar zu machen.

In beiden Redeweisen aber verschränkten sich aufs Innigste die zwei Elemente, die konstitutiv für jede Predigt im reforma-

Abb. 47: Sitzung des „Deutschen Reichstages" während einer Hitler-Rede

torischen Sinne sind: das Wort der Bibel und die zum Bewußtsein kommende Weltwirklichkeit der Gegenwart.

Klepper versteht seine schriftstellerische Arbeit von Anfang
an[21] als Entfaltung der biblischen Botschaft, die immer wieder
jeden Versuch des Redens über Gott in Frage stellt. *Vielleicht
begreift man es noch einmal mit seiner ganzen Existenz, was es
bedeutet, daß das „Vater unser" vorgebetet ist. Aussagen über Gott
machen – nein. Bibelworte sagen – ja. Nur in ihnen ist Gott ertragbar, nur in ihnen ist des Menschen Rede über Gott zu dulden. Das
freilich kann ich mir denken, daß ein Mensch wie Luther die Bibel
„weiterschrieb" mit einem Wort wie: „Gott reißt das Übel nicht von
der Person, sondern die Person vom Übel"*[22]. Um solch ein „weiter-
schreibendes Auslegen" (oder auslegendes Weiterschreiben) geht
es auch Klepper selbst: nicht zuletzt dort, wo er im *Vorhandenen
und Gegebenen* das Unverfügbare – die *göttliche Führung* – aufzu-
spüren versucht. Das Vorhandene und Gegebene aber ist für
den Dichter zunächst einmal das Erzählbare, also das Gesche-
hene, die Geschichte[23]. Sie als „Gedicht Gottes" zu enthüllen,
ist Auftrag dessen, „der Klang und Widerklang" vernimmt und

sprechend zu gestalten vermag (Reinhold Schneider[24]), und Klepper versteht sich als Künstler unter diesem Auftrag.

So ist es wohl kein Zufall, daß nach langem Suchen, nach dem – äußerlich gesehen – erfolglosen Ringen um einen Stoff aus der Gegenwart (der Roman „Die große Direktrice" hatte keinen Verleger gefunden) eine Gestalt der Geschichte zur Mitte seines Hauptwerkes wurde: Der Preußenkönig, der um Schuld und Scheitern wußte – der Vater, der im Sohn das Schicksal erfuhr, das er anderen bereitete – der Machtübende, dem *alles Königswerk ein Bild des Geistreiches war*[25]. Mit dieser Intention – darzustellen, *was die Quelle aller Taten dieses Königs war: der Glaube* – richtete Klepper ein Gegenbild zu den Herrschenden des „Dritten Reiches" auf. Die selbsternannten Führer konfrontiert er mit dem Bild eines Königs unter Gott, der „preußisch" drapierten Verherrlichung von Waffen und Waffengewalt antwortet er, indem er das erste Kapitel seines Preußenbuches unter ein Wort aus der alttestamentlichen Weisheit stellt: *Den Königen ist Unrecht tun ein Greuel; denn durch Gerechtigkeit wird der Thron befestigt.* Durch Gerechtigkeit, das heißt: durch Zurechtbringen und Heilen – nicht durch Wundenschlagen; durch nachgehende Liebe – nicht durch Haß; durch Bereitschaft zum Leiden – nicht durch Zufügen von Leid.

Am stärksten leuchtet dieses Grundmotiv in dem Kapitel des „Vater"-Romans auf, das Klepper „Der Gott von Geldern" überschrieben hat. Es schildert die Ereignisse vom August 1730, den Höhepunkt des Konfliktes zwischen König Friedrich Wilhelm I. und seinem Sohn Friedrich. Der Kronprinz hatte – während einer Besuchsreise durch Süddeutschland – zu fliehen versucht und war schließlich im preußischen Wesel verhaftet worden. Jochen Klepper hat hier eine Szene in seinem Roman eingefügt, die zwar *Erfindung* ist (*an der ich schwer laborierte*[26]), aber gerade darin das Verhältnis zwischen Vater und Sohn, König und Kronprinz auslegt: Friedrich Wilhelm nimmt, kurz bevor er Wesel erreicht, in Geldern an einem Gottesdienst teil und stößt auf eine geschnitzte Darstellung des Schmerzensreichen Vaters – des Gottes, der um der Unverbrüchlichkeit seines Bundes willen den Sohn hingibt. *Und weil er nur von Bildwerken der Schmerzensreichen Mutter wußte, traf es ihn ins innerste Herz,*

Abb. 48: Jochen Klepper zur Zeit der Arbeit am „Vater"

das Leiden des ewigen Vaters schauen zu müssen, indes die Glocken zu läuten aufhörten und die Kirchgänger zu singen begannen:

> *Also gehst du nicht die gemeinen Wege,*
> *dein Fuß wird selten öffentlich gesehn,*
> *damit du siehst, was sich im Herzen rege,*
> *wenn du in Dunkelheit mit uns willst gehn.*
> *Das Widerspiel legst du vor Augen dar*
> *von dem, was du in deinem Sinne hast.*
> *Wer meint, er habe deinen Rat gefaßt,*
> *der wird am End' ein anderes gewahr.*

Es will fast wie eine ironische Wendung im Erzählten anmuten, daß der evangelische Pfarrer – nach der Schnitzerei befragt – ebenso wenig zu sagen vermag wie die Kantoren und Lehrer und nichts Eiligeres zu tun hat, als die Entfernung des *alten katholischen Bildwerks* anzuordnen. Der junge Erzbischof von Köln jedoch, den Friedrich Wilhelm nun aufsucht, erkennt die

100

Abb. 49: Das Bild des „Schmerzensreichen Vaters" (eigentlich Dreifaltig-keitsgruppe), das aus dem beginnenden 16. Jahrhundert stammt und zur Zeit Friedrich Wilhelms I. wahrscheinlich in der damals auch den evangeli-schen Christen geöffneten Maria-Magdalena-Kirche zu Geldern stand. Heu-te befindet sich das Bild im Museum für Kunst und Kulturgeschichte Goch.

Frage des „Vaters" und gibt ihm ein alttestamentliches Weis-heitswort mit auf den Weg: „Züchtige deinen Sohn, solange Hoffnung da ist; aber laß deine Seele nicht bewegt werden, ihn zu töten." Was nun im Roman folgt, gehört zum Ergreifendsten in Kleppers Werk. Noch ist der Preußenkönig willens, ganz als absolutistischer Herrscher zu reagieren – genauer: das Recht, wie er es versteht, auch noch dem eigenen Sohn gegenüber durchzusetzen. Bei der Ankunft in Berlin kann er von seinem Sohn sogar sagen: *Er ist für mich tot, ich habe nichts mehr mit ihm zu schaffen, als das Gericht über ihn einzusetzen.* Aber das Bild von Geldern und die Weisung der Heiligen Schrift wirken in ihm nach. Der ursprüngliche Gedanke, den Sohn wie dessen Ver-trauten, Leutnant von Katte, durch ein Kriegsgericht zum Tode verurteilen zu lassen, wandelt sich auf dem Hintergrund des Bil-des von Geldern in die Einsicht, daß Gottes Wille auf anderes zielt. Als der nach Küstrin verbannte Kronprinz den König in einem Brief bittet, wieder in die Armee aufgenommen zu wer-den, weigert sich zwar der Vater, aber er fügt seinem Antwort-schreiben hinzu: „*Überdem ist es auch nicht nötig, daß alle Leute von einem Metier seyndt, in dem der eine zum Soldaten, der andere aber zur Gelehrsamkeit und zu anderen Sachen appliciert werden muß.*" *Der König hatte sein Opfer begriffen, das er im Gericht ver-geblich suchte. Der Vater begann sich zu dem Sohn hin zu wandeln, dem Sohn, den er nach seinem Bilde hatte machen wollen, als sei er wie Gott. Davon war er zu Tode erschrocken: sich zu messen mit Gott und nicht ihm zu dienen.* Klepper schließt das Kapitel der könig-lichen Wandlung, der Wandlung des souveränen Herrschers zum Menschen unter Gott, mit dem Gebet des Vaters über einem Vers aus dem Hebräerbrief (11,19): *Gott möge ihn seine Befehle so wissen lassen, wie ein Soldat die Order seines Königs erhält – Befehl nur für eine Stunde, aber unabtrennlich, unentbehrlich ein-geordnet in den großen Plan des Königswerkes, den niemand weiß als der Schöpfer des Werkes … Gott möge ihn zu solchem Soldaten-König machen, der gehorcht, dient und vertraut und an dem Willen seines Herrn nicht rüttelt und seinen Plan nicht zu erfragen wagt. Er woll-te vor dem König der Könige nur noch sein wie ein Soldat „Des Königs von Preußen"* vor dem Potsdamer Obristen, als läge darin die Sühne dafür, daß der Oberst Fritz desertiert war. Der Machthaber, der auf Gottes Stimme hört und entsprechend handelt, der glaubende

Abb. 50: Antoine Pesne: Friedrich Wilhelm I. (Ölgemälde, Ausschnitt)

Herrscher – in der Tat ein Gegenbild zu denen, die seit der „Machtergreifung" von 1933 in Deutschland schalteten und walteten. Der Roman über den *Soldaten-König* – Bußpredigt für eine Welt, in der es als Hochverrat galt, Gott mehr zu gehorchen als den Menschen. Es mutet unbegreiflich an, daß das Echo auf Kleppers Buch alle Erwartungen des Autors überstieg. In einem Vierteljahr werden die fünftausend Exemplare der ersten Auflage verkauft; Klepper notiert im Tagebuch, man habe das Buch sogar Hitler geschenkt, und mit Spannung verfolgt er – der inzwischen aus der Reichsschrifttumskammer Ausgeschlossene – die Besprechung des Buches in der Presse. Gleichzeitig aber muß er *häßliche Angriffe* wegen seiner Ehe registrieren. Die Zeitschrift „Der Buchhändler im neuen Reich" will die Buchhändler „vor Schaden schützen" und macht

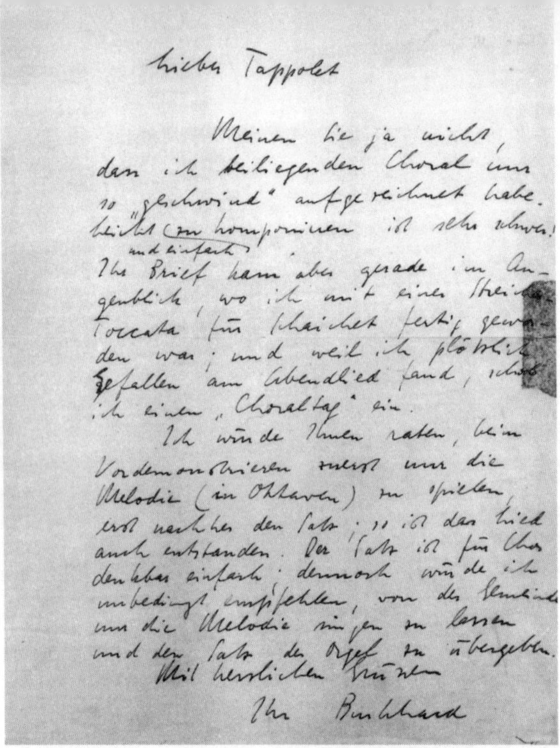

Lieber Tappolet

Meinen Sie ja nicht, dass ich beiliegenden Choral nur so „geschwind" aufgezeichnet habe. Leicht (und einfach) zu komponieren ist sehr schwer! Ihr Brief kam aber gerade im Augenblick, wo ich mit einer Streicher-Toccata für Schaichet fertig geworden war; und weil ich plötzlich Gefallen am Abendlied fand, schob ich einen „Choraltag" ein.

Ich würde Ihnen raten, beim Vordemonstrieren zuerst nur die Melodie (in Oktaven) zu spielen, erst nachher den Satz; so ist das Lied auch entstanden. Der Satz ist für Chor denkbar einfach; dennoch würde ich unbedingt empfehlen, von der Gemeinde nur die Melodie singen zu lassen und den Satz der Orgel zu übergeben.

Mit herzlichen Grüßen

Ihr Burkhard

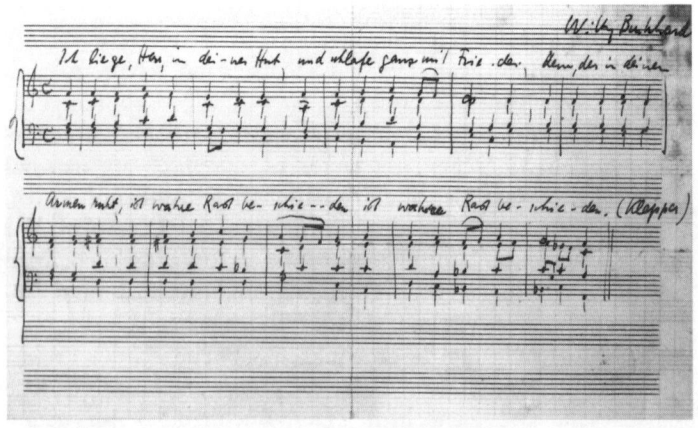

Abb. 51: Brief des Schweizer Komponisten Willy Burkhard (1911–1977) an W. Tappolet, die Vertonung von Kleppers „Abendlied" für das Ev. Gesangbuch der Schweiz betreffend

Abb. 52: Notenblatt Willy Burkhards zum „Abendlied"

sie darauf aufmerksam, daß Klepper es „für richtig hielt, kurz vor dem Umbruch eine Jüdin mit einem gleich dreiköpfigen Anhang zu heiraten, um dann unter dem Schutz dieser jüdischen Behütung und Beeinflussung es zu wagen, ein Buch über den Vater Friedrichs des Großen zu schreiben. Es wird vielleicht einige Buchhändler in Deutschland geben, die gerade diese Situation pikant finden und die Bücher von Johann (sic!) Klepper ins Fenster stellen, wir hoffen aber, es sind nicht sehr viele"[27]. Klepper spürt, daß diese Art von Vorwürfen nichts mit seinem Buch selbst zu tun hat, aber gerade *die Freiheit, die mein Buch genießt, ist ein rechtes Problem, das viel, viel Gerechtigkeit bei dem Versuch einer Beurteilung erfordert.* Daß diese Bemerkung (Tagebuchnotiz vom 19.7.1937) im Zusammenhang von Reflexionen über den Byzantinismus deutscher Schriftsteller steht[28], deutet darauf hin, wie unsicher Klepper ist, ob er mit dem, was er sagen will, wirklich gehört wird – jedenfalls bei denen, die es angine. Die *Sprache der Hybris,* die zum Byzantinismus gehört, erscheint ihm *aufs höchste beängstigend. Nachdem solche Sprache geredet ist, kann nur noch Gott selber sprechen. Hier bleibt nur noch das Wort des alles entlarvenden göttlichen Gerichts.*

Aber konnte im Deutschland von 1937 dieses Wort überhaupt noch so aus Menschenmund laut werden? Klepper selbst mag um diese Not gewußt haben, und vielleicht entspringt hier die Hinwendung zum geistlichen Lied als dem zweiten Feld seines Schaffens.

In der Tat liegt in den Jahren 1937/38 ein Höhepunkt seiner Schaffenskraft als Lyriker; mindestens dreizehn der geistlichen Lieder sind in dieser Zeit entstanden, darunter fast alle diejenigen, die später Aufnahme in kirchlichen Gesangbüchern finden sollten. Was sie und die wenigen später geschriebenen charakterisiert, hat Klepper 1939 in einem Aufsatz auf den Begriff gebracht: daß eine *Fülle von Bibelworten als geschlossene Zelle ins Lied übernommen und zum Ausgangspunkt eines geistlichen Liedes werden können*[29]. Klepper greift damit zwar auf die Praxis vor allem des 16. Jahrhunderts zurück, verbindet aber eben darin die Bibelübersetzung Luthers behutsam mit der Auslegung durch heutige Sprachmittel. Daß sich angesehene Musiker wie Fritz Werner (* 1898), Willy Burkhard (* 1900), Gerhard Schwarz (* 1902) und Johannes Petzold (* 1912) schon bald nach der Veröffentlichung des „Kyrie", der Sammlung geistlicher Lieder, seiner Texte annahmen und sie vertonten[30], mag für ihn eine ebenso deutliche Bestätigung seines Weges gewesen sein, wie das Echo, das er bei seinen Lesern fand. *Aus den Briefen zum „Kyrie" sehe ich – ob Laien oder Theologen schreiben – so ergreifend deutlich: die Gewißheit des Trostes, die brauchen sie am meisten. Und die gibt die Schrift so überreich, daß man es sein Leben lang „exegesierend" nicht wird „ausdichten" können*, notiert er am 14. September 1939 im Tagebuch. Er beleuchtet so noch einmal den Zusammenhang seiner dichterischen Arbeit mit der Bibel selbst: Die biblische Aussage hat Vorrang vor der *dichterischen Prägung gleichen Inhalts*[31], weil von ihr eine Kraft ausgeht, die Strauchelnde aufzurichten, Müde zu stärken und Zweifelnden Hoffnung zu geben vermag – zuvörderst also von ihm selbst erfahren worden ist[32]. Weil er aber aus dem eigenen Leben um die tragende, im biblischen Wort gründende Zuversicht weiß, darum bleibt es für ihn als Dichter die *entscheidende Frage*, ob er *den Weg ins Gesangbuch finden* kann[33], und um dieses Zieles willen bindet er sich immer wieder auch an die alten Weisen der Kirchenlieder und also an das von den Liederdichtern des frühen Protestantismus vorgegebene Versmaß.

Das alles könnte nach Selbstbeschränkung auch im Blick auf den Wirkungskreis aussehen. Erreichte er nun zwangsläufig nicht nur noch die kleine Zahl der ‚Kirchentreuen'? Ja und nein. Der Widerhall, der sich in der raschen Verbreitung des „Kyrie" ausdrückte[34], ist gewiß nicht vergleichbar mit den (z. T. allerdings recht kurzlebigen) Erfolgen mancher „christlicher" Texte in der Nachkriegszeit. Aber mit ihrem „stillen Weg durch die Zeit" vermochte die Liedsammlung zu erfüllen, was Klepper sich von ihr gewünscht hatte: „Dem Menschen ‚Brot' zu geben mit seiner Dichtung … Die Reinheit seiner Aussage, der Mut zur schlichten Fassung solcher Substanz wirkten und wirken fort sowohl auf ‚jedermann' als auch auf diejenigen unter den Gebildeten, welche die Kirche oft nicht mehr erreicht. Sie wirken auch zurück auf die Kirche selbst, die einer literarischen Oberschicht seit zwei Jahrhunderten entwöhnt war. Für weite Kreise mag hier gar noch ein ungehobener Schatz verborgen liegen." (E.-J. Meschke[35]) Jochen Klepper durfte bereits manches von der Wirkung seines „Kyrie'" spüren

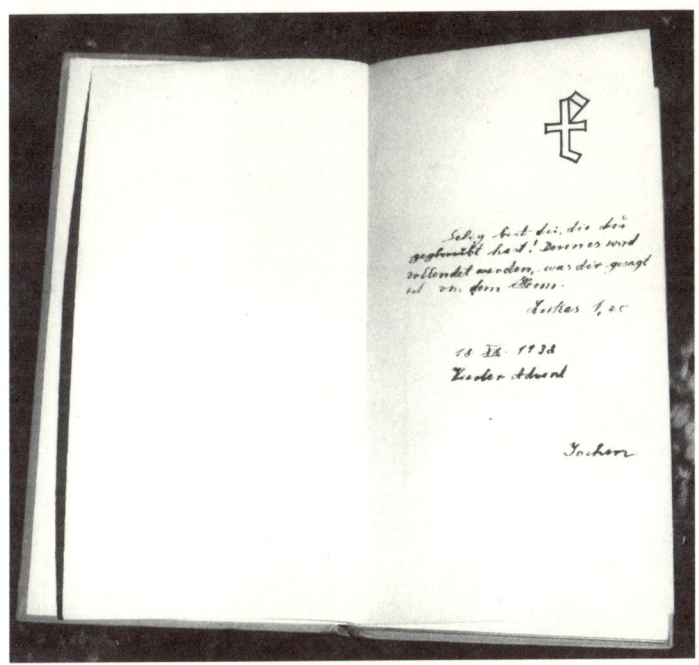

Abb. 53: Erstausgabe des „Kyrie" mit handschriftlicher Widmung J. Kleppers für seine Schwester Hildegard

– nicht nur über die vergleichsweise bescheidenen Erfolgszahlen des Verlages und Zuschriften von Lesern, sondern auch in persönlichen Begegnungen, die ihm und seiner Frau gerade angesichts der zunehmenden Bedrängnis eine Hilfe waren. An einem Nachmittag der zweiten Adventswoche 1939 – sie ist beherrscht von den Sorgen über neue Schikanen gegenüber jüdischen Bürgern – kommt eine kleine Gruppe von Studenten und Studentinnen ins Haus, um ihm seine Lieder zu singen. *Das war eine feierliche Dämmerstunde; ... die Singenden mit der großen Kerze, den „Kyrie"-Büchlein und den Notenblättern, der Flöte. Das Schönste: „Die Nacht ist vorgedrungen", „Morgen- und Abendlied", das „Gründonnerstags-Kyrie". Und nun: „Wie soll ich dich empfangen" – „Mit Ernst, o Menschenkinder" – „Wie schön*

Abb. 54: Schule Lucas Cranach d. Ä.: Katharina von Bora (Schloßmuseum Stuttgart). Katharina von Bora sollte Hauptgestalt des nur in Entwürfen und Fragmenten vorliegenden Romans „Das ewige Haus" werden.

leuchtet der Morgenstern"[36]. Hier wurde – um noch einmal Eva-Juliane Meschke zu zitieren – etwas „von jenem anderen Deutschland" hinter der schreienden Fassade falschen, erborgten Glanzes" lebendig, und Klepper spürte, daß „Menschen, die, wo nicht von äußerer Not, so doch in ihrem Gewissen bedroht waren, sich verstanden fühlten"[37]. Klepper war mit dem äußerlich so unscheinbaren Werk seiner geistlichen Lieder zu einem Dichter der Kirche geworden – der Kirche durchaus im Bonhoefferschen Sinne: der Kirche „für andere", „helfend und dienend"[38].

In die Zeit, die Klepper den geistlichen Liedern und den beiden Dokumentarbändchen über Friedrich Wilhelm – „Der
König und die Stillen im Lande" und „In tormentis pinxit" –
widmet (1937/1938), fällt auch ein gut Teil der Vorarbeiten für
den geplanten Roman über Katharina von Bora, „Das ewige
Haus". So sehr er sich selbst immer wieder sagt, daß hier seine
(mühselige) Aufgabe liege: im Luther-Roman und in den Liedern, so sehr begleitet ihn von Anfang an eine *furchtbare innere
und äußere Müdigkeit.* Sie hat gewiß zu tun mit dem literarischen
Problem des Themas; Klepper ist *erschreckt* vom *Gedanken an
einen zweiten historischen Roman*[39]. Ahnt er, daß hier ein Weg ans
Ende gekommen sein könnte? In seinen späten Reflexionen
über den christlichen Roman findet sich eine Passage, die darauf hindeuten mag. *Die völlige diesseitige Schilderung eines Infernos oder Pandämonions auf Erden ist in der Lage, in jedem Federzug
zu erweisen, was da ein Stück Menschenwelt und Menschenleben eben
zum Inferno und Pandämonium machte: nämlich die Ferne von Gott.*
Also von Gott reden, wenngleich vom verborgenen, indem von
der Welt die Rede ist – oder gar von der Unterwelt? Vielleicht,
aber verstehbares Reden von Gott, „Zeugnis", wird solche
Schilderung eines Infernos nur dort sein, wo der Schreibende
selbst *weiß, daß Gott sich als der gnädige offenbart in Christus.* Der
christliche Epiker wird *die Welt als das beschreiben müssen, was sie
ist,* ohne zu verschweigen, daß er – als Christ – ergriffen ist von
dem, *welcher der Weg, die Wahrheit und das Leben ist*[40]. Noch hofft
Klepper, eben dies an einem historischen Thema bewältigen zu
können. Aber daß die ihm verbleibenden Jahre dazu nicht aus-
reichen, liegt vor allem in den Lebensbedingungen Kleppers
und seiner Familie begründet. Neben der rechtlichen Unsicherheit seiner schriftstellerischen Arbeit nach dem März 1937
sind es die Schikanen gegenüber „jüdisch Versippten" (Goebbels) und das allgemeine geistige und politische Klima, die an
seinen Kräften zehren. Die entwürdigende Vorlagepflicht für
alles, was er schreibt – auch für Teile seiner Korrespondenz –,
lastet immer mehr auf ihm[41], und fast will es scheinen, daß seine gutgläubige Zustimmung zu Maßnahmen der Zensurbehör-
de der Versuch ist, das Unerträgliche ertragbar zu machen: *Das
Propagandaministerium hat mir die Teilnahme an der Wittenberger
Dichter-Theologen-Tagung nicht gestattet; in freundlicher Form; ich*

Abb. 55: Berlin, Leipziger Straße (April 1945, nach einem Luftangriff)

glaube, mehr zu meinem Schutz[42]. Schließlich sind es die vielfältigen Aktivitäten zur Rettung Renates, die ihn – vor allem seit Kriegsausbruch – ein hohes Maß an Kraft kosten. Am 1.4.1940 schreibt er nach der Erledigung von Behördenbesuchen, Korrespondenzen und Alltagsgeschäften ins Tagebuch: *Auch dieser Tag im Gedanken an die Arbeit wieder zum Verzweifeln.* Klepper mag diese Belastungen vorausgesehen haben, als er – zwei Jahre zuvor – in einem Brief die Sorge äußerte, über der Durchführung des „Ewigen Hauses" würden Jahre *hingehen – Jahre, in denen an persönlichen und privaten Fragen das Geschick der Töchter meiner Frau im Vordergrund stehen wird*[43].

Empfand Klepper darum die *Männersache* der Einberufung zu einer Heereseinheit, bei der er *richtig reiten lernen* würde, auch als Atempause im Kampf um die eigene Existenz und um das Leben der Seinen?[44]. Auch hier steht uns ein Urteil wohl nicht zu. Was wir aber zu sehen vermögen, ist die Hoffnung auf Gottes Geleit, die wieder und wieder in ihm aufflammen will.

Eine Woche nach der Entlassung aus der Wehrmacht äußert sie sich als Dankbarkeit für das Noch-immer-leben-dürfen[45]: auch und gerade vor dem dunklen Hintergrund der Repressionen des antijüdischen Terrors. *Wird einmal eine Zeit kommen, in der man in seinem Tagebuch dies alles als eine Geschichte der wunderbaren göttlichen Führung wieder liest?* fragt er einen Monat später, am 16.11.1941. *Dazu führe ich Tagebuch.* Klepper spürt, daß an die Stelle seines literarischen Werkes mehr und mehr das eigene Leben tritt: das „Inferno" als Zeugnis des Gottes, der im Kreuz nahe ist. Der von außen auf dieses letzte Wegstück Kleppers zurückschauende Leser des Tagebuches kann nur die tiefe Ermüdung registrieren, die als subjektive Seite des *unschöpferischen Zustandes* das Leben des Dichters überschattet[46]. *Dieses harte Faktum steht fest: Lieder vermag ich nicht mehr zu schreiben … Liebe, Lob, Dank tragen also das Lied nicht: es ist nicht möglich ohne das Vertrauen. Und hier ist es dem Widersacher gelungen, mich zu verstören*[47]. Der diese Zeilen schreibt, gerät vor den letzten Zweifel, welcher möglich erscheint. Es ist der Zweifel am Glauben als dem Steg, der uns mit Gott verbindet – der Zweifel am Glauben als dem Weg, über den wir uns verlassen könnten: auf Gott hin. Was Klepper 1937 als Dichter der Gemeinde in seinem Weihnachtslied formulierte – *Glaubst du auch nicht, bleibt er doch treu* – muß nun von ihm selbst durchlebt werden. Der Schriftsteller, der vom Glauben reden wollte, sieht sich *auf unheimliche Weise von allem entbunden*. Er legt die Feder aus der Hand: *Nach dem „Ewigen Haus" fragt Gott nicht mehr*[48]. Ist dies das Ende der Wege Gottes mit seinem Boten?

Schon 1939 hatte Jochen Klepper die Antwort auf diese erst jetzt auch für ihn existentiell gestellte Frage zu geben versucht[49]. *Wo die zu Predigt und dichterischer Verkündigung Berufenen „versagen" oder verstummen, entrinnen oder erliegen, das „Amt des Wortes" verweigern oder verleugnen, verfälschen oder verlieren, da ist das Wort Gottes längst noch nicht am Ende. Denn Christus, der das Wort ist, sagt: „Wo diese werden schweigen, so werden die Steine schreien."*

ERNÜCHTERUNG DURCH DAS SCHÖNE

Es gibt eine Reihe von Motiven, die Jochen Kleppers Tagebuch durchziehen wie besondere Fäden ein Gewebe. Als auffälligstes unter diesen Motiven will seine Liebe zum Schönen erscheinen – sei es in seinem Hang zum Feiern, sei es im Wahrnehmen der *Natur*, sei es in der Gestaltung seines unmittelbaren Lebensbereiches. 1927 schreibt er in einem Brief, er wolle seine *schönen alten Möbel* noch nicht nach Breslau bringen, um *die Wohnung zu Hause so schön wie möglich lassen zu* können[1]. Den *schönen Feierabend im Garten*, wenn er *„die Wiese mähen"* kann, während die *Glocken läuten*, empfindet er *als Augenblick irdischen Friedens*[2], und noch den Notizen über bedrohende politische Entwicklungen stellt er voran, wie er den Tagesanbruch erlebt – *Morgen im zarten Reif: Dann immer strahlendere Sonne*[3]. In der Nacht zwischen den Jahren 1934 und 1935 schreibt er nach dem Glockenläuten und dem Lärm des Feuerwerks ins Tagebuch: *Nie kann ich gegen Freude und Feier eifern – immer wird mich die Dankbarkeit gegen das Leben, die daraus spricht, viel stärker bewegen, als die möglichen Einwände es fertig brächten.* Zum letzten Jahreswechsel, den er mit Frau und Tochter begeht, werden *Blumen, Kerzen* und *Tannengrün … zur häuslichen Silvesterfeier geordnet,* und die drei Menschen halten *beim Kerzenschimmer* ihr bescheidenes Mahl *an einem zauberhaft gedeckten Tisch.*

Ist das ästhetisierende Verspieltheit? Zeigt sich darin seine Prägung durch die künstlerisch veranlagte Mutter? Ist es ein innerstes Ausweichen vor der Wirklichkeit des Schreckens, die auch und gerade sein Leben umstellt? Die Verbindung dieser fast leidenschaftlichen Hinneigung zum Schönen mit dem Gedanken an das Zuhause, an Frieden und Gemeinsamkeit, weist auf anderes hin. Hier spricht nicht jemand, der in der Unmittelbarkeit des Genießens und Selbstgenießens die Widersprüche der Realität zu negieren sucht. Hier äußert sich vielmehr ein Mensch, dem es eben jene Realität abnötigt, einen Ort zu schaffen oder zu finden, welcher noch angesichts der Widersprüche Ordnung und Geborgenheit eröffnet. Wenn Jochen Klepper die Beziehung zu seiner Frau und ihr gemeinsames Leben als *Idyll* begreift, so spricht er eben diese Polarität an: Das Gegenüber einer geordneten Enklave auf der einen Sei-

Abb. 56: Familie Klepper vor dem Haus in Südende (1936 oder 1937)

te und der von zerstörerischen Kräften zerrissenen Welt auf der anderen Seite. Von Reinhold Schneider, dem Freund, läßt er sich sagen, daß auch das „in kleinen Kreisen sich bewegende Leben der Idylle" den Menschen nicht vergessen lassen kann, „woher er sich zum Tore dieses Gartens durchfand"; das „bunte Licht" der Idylle breche sich an dem „unerbittlichen Dunkel, das sie umwölbt"[4]. Sie sei „der mildeste Ausdruck des Tragischen"; nur ein Reflex verrate ihre Herkunft.

Aber Klepper weiß auch das andere: daß gerade das ihn umgebende tödliche Dunkel die Erfahrung des Schönen und die Begegnung mit dem Idyll zum Verweis auf den werden lassen kann, der allein Geborgenheit zu schenken vermag und auch schenkt – und wenn es in Form der Zerbrechlichkeit eines von Menschen errichteten Hauses oder in der Gestalt der auf Zeit gewährten, vom Haß bedrohten Gemeinschaft einer kleinen Familie wäre[5].

War es dieser doppeldeutige Charakter des Schönen – seine Öffnung auf Gott hin und seine Vergänglichkeit –, der Jochen Klepper dazu anleitete, die Welt der Mode zum Sujet seines ersten Romans zu machen? Mode – so schreibt er einmal – sei ihm *Symbol für das „Glück der Vergänglichkeit"* – *Zeichen für die Bereitschaft der Menschen, die Vergänglichkeit alles Lebendigen einzusehen und dennoch die Schönheit des Irdischen in unser Leben aufzunehmen, als gälte sie für immer, als festige sie sich im ständigen Wechsel und in fortwährender Wandlung ihrer selbst[6]*. Daß solche Bereitschaft für das Schöne nicht abzulösen ist von der Wahrhaftigkeit, es sei denn um den Preis des Lebens selbst, reflektiert Klepper nach einer Rundfunkübertragung mit *herrlichstem unbekannten Mozart. So oft man sein Leben anklagen will, verschließt es einem den Mund. Man kann nur die eine Sehnsucht empfinden, dieses eine große Leben wesentlich, ohne alle Lüge leben zu dürfen. Wer log, war nicht auf der Welt. Wahrscheinlich sind die Dichter die ehrlichsten Menschen, die nüchternsten, und die anderen leben in dauernder Illusion, die immer wegführt von der wahren Schönheit und den wahrhaft beseligenden Dingen. Ehrgeiz ist eine solche Illusion, dazu mit allen Qualen eines Triebes durchsetzt. Wahrscheinlich heißt die „Rechenschaft" nicht: Was habe ich erreicht?, sondern: Was hat auf mich gewirkt? Nicht um die eigene „Tiefe", sondern um den Reichtum des Lebens zu erweisen[7]*.

Verschlossenheit vor dem Schönen als existenzgefährdender Selbstbetrug, Wahrnehmung des Schönen als Ernüchterung, als Wahrnehmung einer ganz anderen Wirklichkeit, eigentlicher Wirklichkeit: in der Tat ein Gedanke, der sich nicht zuletzt an der Musik entzünden kann, an der vergänglichsten der Künste, die doch zugleich auf unüberbietbare Weise das abbildet, was das Idyll gegenüber dem „unerbittlichen Dunkel" (Reinhold Schneider) und seinem Gesetz zu statuieren versucht: freies Spiel, lebendige Gestalt, Vorabbildung eines anderen Gesetzes – des Gesetzes der Liebe[8]. Am Karfreitag 1936 besucht Jochen Klepper eine abendliche Aufführung von Bachs „Kunst der Fuge" in der Berliner Marienkirche. *Nicht, daß ich den großen Eindruck begründen dürfte*, schreibt er ins Tagebuch,

Abb. 57: Im Garten in Südende

aber da war, was ich in der Musik so suche, das Gleichnis von der Potenz und ihrer Erfüllung, die Anordnungsmöglichkeiten und die ewige Ordnung ...[9].

Das Schöne als das Geordnete ist immer wieder Ziel und zugleich Quelle seiner Hoffnung auf glückendes Leben. Darum ist ihm auch die Ordnung des Alltäglichen und im Alltäglichen so etwas wie lebensnotwendiges Brot. „Um Künstler zu werden", schreibt viele Jahre später Eva-Juliane Meschke[10], „mußte er sich aus der chaotischen Fülle des Lebens befreien, der er in langen Jahren schmerzlich verhaftet gewesen war und in der er die Ursache vieler Beängstigungen und Wirrnisse sah. Wo immer er der Ordnung begegnete, in der Schöpfung oder in der Kunst, im großen Menschen, in der Religion, wuchs das Gefühl des eigenen Ungenügens ins Unerträgliche. Diese Ordnung zu finden, schien ihm der Schlüssel, ohne den menschliches Leben

Abb. 58: Wohn- und Arbeitszimmer im Südender Haus

sich nie erfassen, nie gestalten ließ" – auch das eigene nicht, muß wohl hinzugefügt werden.

Die andere Ambivalenz des Schönen, die in dieser Charakteristik des Dichters durch einen mit ihm vertrauten Menschen mitschwingt (daß es Sehnsucht weckt und zugleich das Leiden an der Spannung zwischen Möglichkeit und Wirklichkeit vergrößert), – diese Ambivalenz ist Klepper selbst gerade dort am stärksten bewußt, wo er entdeckt, wie sehr er auf Geborgenheit im überschaubar Geordneten angewiesen ist. Zwei Monate vor dem Einzug ins Südender Haus notiert er[11]: Am *Bau hat diese Woche die sichtbarsten Fortschritte der Garten gemacht ... man sieht, wie schön die Baumgruppen verteilt sind. Doch dies ist keine Frage: Das Haus ist etwas, worüber ich hinwegkommen muß. Das Schöne des Lebens war oft zu nah, aber weder Entfaltung noch Verwurzelung, die beiden großen Vorgänge des Lebens, wollten Ereignis werden.* Ist es ihm also verwehrt, in der Welt den „Ort" zu finden, an dem Verwurzelung möglich wäre, damit Entfaltung geschieht? Gilt auch hier Luthers Gedanke von der Person und vom Übel – daß nämlich Gott nicht das Chaos beseitigt, sondern die Seinen im Chaos bewahrt?[12] Oder gibt es Punkte im

Hier und Jetzt, an denen sich unser Hoffnungsimpuls und das in den „Gleichnissen" von Ordnung und Feier, Idyll und Musik Gemeinte wirklich berühren?

Diese Frage stellen, heißt: von den Bildern und ihrer Bedeutung für Kleppers Leben sprechen. Der Begriff mag zunächst ganz vom Wort her verstanden werden: Jochen Klepper erfaßt und gestaltet die Realität vor allem im Anschaubaren. Die sichtbaren Dinge, das Spiel des Lichtes und die Farben sind es, in denen das Geordnete erfahren und zugleich transparent wird – transparent auf den hin, der „in einem Lichte wohnt, da niemand zukommen kann" (1 Tim 6,15 f). Zu einer Zeit, da Klepper – von außen betrachtet – im Aufbruch nach vorn ist, auf literarische Erfolge hofft und endgültig beschließt, das abgebrochene theologische Studium nicht mehr aufzunehmen, schreibt er für seinen dreizehnjährigen Bruder Wilhelm (geb. 1915) das Gedicht „Kindergeburtstag im März"[13]:

Mit scheint, du wirst nur selten weinen.
Zur Stunde der geheimen Tränen
soll dir voll Sanftmut widerscheinen,
was heut' Besitz ist, morgen Sehnen:

Die Hyazinthen, Ostereier,
die Lichter und ein weißer Hase,
ein Buch, ein Spiel – zur lichten Feier
die Primeln in dem Bernsteinglase.

Den Glanz, der über den Geschenken
von Bildern lächelt, Leuchtern, Stühlen,
von alten Vasen, Bücherschränken,
wirst du einmal als Heilung fühlen.

Ich weiß nicht, unter welchem Namen
Gott dir das Heer der Schmerzen sendet.
Sie sind gewiß, als ob sie kamen,
von Ewigkeit dir zugewendet.

Die Transparenz der schönen Dinge auf Gott hin ist gebrochen wie das durch Antikglas fallende Licht. Inhaltlich drückt sich dies in der Spannung zwischen der ersten Verszeile und der letzten Strophe aus, im Nebeneinander von Wissen und Hoff-

nung – von der Hoffnung, die in „lichter Feier" entspringt, und
vom Wissen um künftige Schmerzen. Aber solche Spannung
führt nicht zum Zerbrechen der Wirklichkeit. Sie weckt vielmehr die Frage, ob der, der „das Heer der Schmerzen sendet",
nicht vielleicht derselbe sein könnte wie der, dessen tröstendes
Wort noch in den geschaffenen Dingen laut (nein: zum Bilde)
zu werden vermag und „Heilung fühlen" läßt.

Genau zehn Jahre später – unter radikal anderen Bedingungen – schreibt Jochen Klepper noch einmal ein „Geburtstags-
lied"[14]. Daß er ihm die biblischen Worte von der äußersten Ferne (1 Tim 6,15 f) und von der letzten Nähe Gottes (Apg 17,27b–
28a) voranstellt, ist gewiß mehr als nur eine ‚Quellenangabe' im
Hinblick auf die lyrischen Motive.

> *Gott wohnt in einem Lichte,*
> *dem keiner nahen kann.*
> *Von seinem Angesichte*
> *trennt uns der Sünde Bann.*
> *Unsterblich und gewaltig*
> *ist unser Gott allein,*
> *will König tausendfaltig,*
> *Herr aller Herren sein.*
>
> *Und doch bleibt er nicht ferne,*
> *ist jedem von uns nah.*
> *Ob er gleich Mond und Sterne*
> *und Sonnen werden sah,*
> *mag er dich doch nicht missen*
> *in der Geschöpfe Schar,*
> *will stündlich von dir wissen*
> *und zählt dir Tag und Jahr.*
>
> *Auch deines Hauptes Haare*
> *sind wohl von ihm gezählt.*
> *Er bleibt der Wunderbare,*
> *dem kein Geringstes fehlt.*
> *Den keine Meere fassen*
> *und keiner Berge Grat,*
> *hat selbst sein Reich verlassen,*
> *ist dir als Mensch genaht.*

Er macht die Völker bangen
vor Welt- und Endgericht –
und trägt nach dir Verlangen,
läßt auch den Ärmsten nicht.
Aus seinem Glanz und Lichte
tritt er in deine Nacht:
und alles wird zunichte,
was dir so bange macht.

Der Blick wird in diesen Versen über die Welt der schön geordneten Dinge hinausgeführt in den Kosmos der „Meere", „Berge" und Gestirne, in den weiten Raum der Völkerwelt. Die dort waltenden Ordnungen – sie seien dem Menschen erkennbar oder nur zu ahnen – sind Rückverweise auf den Schöpfer, der nichts „missen" will und mit seiner Fürsorge denen nachgeht, die sich als Staub, als Blätter im Winde, als Gras unter der Sichel erfahren. Die Bilder von den zugemessenen Tagen und Jahren wie von den gezählten Haaren, werden zum Ausdruck von „Verlangen", von Liebe: und sie „läßt auch den Ärmsten nicht". Über dem geordneten, von der Zahl durchwirkten Kosmos wird das Antlitz Christi sichtbar. Das Lied vom fernen und herrscherlichen Schöpfer mündet ein in den tröstlichen Zuspruch:

Nun darfst du in ihm leben
und bist nie mehr allein,
darfst in ihm atmen, weben,
und immer bei ihm sein.
Den keiner je gesehen,
noch künftig sehen kann,
will dir zur Seite gehen
und führt dich himmelan.

Kleppers Sensibilität für *Bilder, die unendliche Güte ausströmen*[15], wird deshalb vor allem dort geweckt, wo sich der Glaube selbst in bildhaften Ordnungen ausspricht, wo Zeit und Raum geordnet und gestaltet sind und das Leben der Menschen Ruhe und Orientierung finden kann: im Gottesdienst der Kirche. Was da geschieht, ist nicht identisch mit Gewußtem oder Lernbarem, sondern umgreift die ganze Person des Teilnehmenden. Wenn es schon die Erfahrung des Schönen im Alltag anbietet, *die Glücksmomente als Bild der Möglichkeit zu bestaunen*, so wird hier, in der Liturgie, das Lebens-Notwendige unmittelbar erschlossen: als *Lösung, die das Herz der Menschen finden muß, um den eigenen Schlag nicht nur als Schmerz und Unruhe und unerbittlichen Ablauf zu empfinden.* Mitten in der Spannung zwischen Zwängen des Brotberufs und leidenschaftlicher Sehnsucht nach ungestörter schriftstellerischer Arbeit, mitten in der Sorge um seine Zukunft und um die Zukunft eines *stumpfgewordenen Volkes*[16] lernt er Schritt für Schritt, *das Idyll beiseite zu schieben und das Bild zu begreifen. Dem Idyll ist aller Friede verwehrt. Das Bild besitzt jenen Frieden, von dem es heißt: „Nicht gebe ich euch, wie die Welt gibt"*[17]. Hinter dem Idyll, dem kleinen, von Menschen in der Wüste und gegen die Wüste gepflanzten Garten, erscheint der andere Garten der neuen Schöpfung, hinter der Oase des kleinen und bedrohten Friedens kommt die neue Welt dessen in den Blick, der den Tod überwand, damit auch wir leben. Die Predigt – zumal die österliche – müßte das sichtbar machen: aber was leistet sie wirklich? Angesichts dieser Ohnmacht theologischen Redens entdeckt Klepper, daß Gott uns auch auf andere Weise erreicht – *aus der Liturgie und den Liedern des Gottesdienstes sprach alles, was der Predigt noch versagt blieb.* Wer hätte das nicht schon erfahren? *Im Bild ist das Geheimnis und im Gleichnis hebt die Offenbarung an*[18]. Wußte vielleicht die Christenheit vergangener Jahrhunderte mehr von der Redekraft der Bilder und Symbole als wir? Spricht darum die Bibel immer wieder in Gleichnissen und verhüllend, nicht aber analysierend und „objektivierend"? Haben darum die Menschen früherer Generationen den Zeichenhandlungen, den Sakramenten und den „Äußerlichkeiten" von Zeit und Raum so viel Bedeutung zugemessen?

Jochen Klepper hat diese Frage durchbuchstabiert, wenn er sich den Bildern aussetzte, die in der Baukunst der christlichen Kirche Gestalt gefunden haben. Am deutlichsten wird das in den Tagebucheintragungen und Aufsätzen über seine Eindrücke in Magdeburg, Helmstedt, Braunschweig und Wittenberg. Klepper unternimmt diese Reise im September 1937 zur Vertiefung der Studien für „Das ewige Haus", und sie findet ihren Niederschlag in zwei Städtebildern, die mit seltener

Abb. 59: „Rehwiese" (Kirchweg in Nikolassee) im Rauhreif

Intensität spiegeln, wie der Künstler und Christ das Gesehene verarbeitet. Vom Magdeburger Dom hält er fest, wie das *Fluten* und die *Fülle* der steinernen Ornamente, Pflanzen, Tiere und Menschengestalten *aufgeht in die stille, weite, unbewegte Höhe des Domgewölbes. Silbern, groß, kühl und weit schließen sich seine alles überragenden Pfeiler unter dem Himmel zusammen: Die ganze Weite und Höhe des Gebetes, das die Lebenden und Toten umfaßt, wird offenbar. Groß wie die Antwort Gottes auf die Gebete der Menschen, alles bergend, alles überragend, alles ordnend, steht das Gewölbe des Doms über dem steinernen Märchenwald und dem Totenzug*[19]. Der Traum der Hoffnung und die Realität des Vergänglichen, Schöpfung und gefallene Welt, Idyll und Tragik sind umfangen vom Reden mit dem Gott, der selbst nicht schweigt, sind umfangen vom Gebet, das alles „ordnet": weil der Menschgewordene eingegangen ist in die bedrohte Welt, weil ER sich ihr ausgeliefert hat, damit die Verlorenen IHN fassen können. Jochen Klepper vernimmt diese tröstliche Botschaft in der Begegnung mit einer anderen Figur (an der Südwand der

121

Sepultur): in der Begegnung mit Christophorus, der das Kind *durch die Gewässer* trägt, *zum steinernen Gebirge, das sich dem Himmel entgegenwirft: der Burg der Magd, dem Dom, in dessen Anblick die Worte aus der Verkündigungsgeschichte des Lukas-Evangeliums aufklingen: „Maria aber sprach: Siehe, ich bin des Herrn Magd; mir geschehe, wie du gesagt hast. Und der Engel schied von ihr. Maria aber stand auf in den Tagen und ging auf das Gebirge eilends zu der Stadt"*[20]. Weil Gottes ordnende Kraft nicht fernbleibt, kann sich eine neue und andere Hoffnung entzünden, und das geschieht in der Gemeinschaft, in der „Stadt", in *deren Mauern die Schrift zu uns zu reden beginnt*[21].

Die Kirche, die Gemeinde im doppelten Bilde der bergenden Stadt und der Frau, die sich für die Botschaft Gottes öffnet – diese Kirche kann gleichwohl ihren Weg durch die Zeiten nur in der Nachfolge dessen gehen, der Last und Leiden dieser Welt als SEINE Last und SEIN Leiden auf sich nahm. Im Gebet trägt sie mit an dem Dunkel, das allein für den Glauben *schon im schwinden* ist[22]. Vor dem *flachbogigen, niedrigen Kreuzgewölbe* der Doppelkapelle St. Petri und Johannis in Helmstedt mit ihrem steinernen Altar und dem schwer-drückenden Mauerwerk begreift er, *wie alle Last des Himmels und der Erde dem Beter vor dem Tisch des Herrn auferlegt ist.* Aber genau hier ist auch der Ort, von dem her Leben möglich wird: *Die dunklen Nischen in den kahlen Mauern scheinen nicht Schmuck, nicht Gliederung, sondern eine letzte Zuflucht zu sein. Aber wie nun wiederum die Rundbogen der schmalen, kühlen Unterkapelle so weit und klar gespannt sind, bleibt ein Zeugnis … alles tragender Kraft in bedrängter, armer Enge*[23].

Noch wenige Jahre vorher hatte Klepper dies als schmerzliche, kaum zu ertragende Last empfunden: die unaufhebbar erscheinende Polarität zwischen *unserem armen, verzweifelten Irrweg* und den *Ordnungen,* wie sie ihm in Bildern und Klängen begegneten: *ein Dom in den Bäumen der Ebene, das Pastorale und der Kuckucksruf aus den blühenden Akazien, das Lied „O Haupt voll Blut und Wunden", das in die Gedanken kommt mitten in der Stadt …*[24]. Diese Polarität ist nicht einfach aufgehoben, wo der Dichter mitten *in dem Geschrei und Lärm unseres Lebens … die Melodie des Chorals immer deutlicher zu hören* erbittet; sie ist nicht beseitigt, wo er – *irdisch gescheitert und von Gott geschlagen* – erkennt,

Abb. 60: Maria mit dem Kinde (Holzskulptur in Kleppers Wohnzimmer)

daß er „und seinesgleichen" *jeden Tag von neuem überwältigt sagen muß: Seht, so erhält mich Gott*[25]. Die Spannung wird nicht aufgelöst, aber sie wird verwandelt: in den Ort, an dem sich unter beiden Zeichen – *Kreuz und Taube*[26] – die tröstende Gegenwart des einen Herrn erweist:

> *Der Lebensbaum im Garten Eden,*
> *der Dornbusch, der dich glühend sah,*
> *sind beide nur das eine Reden:*
> *Der Herr, ist unablässig nah.*[27]

Spur dieser zwiegestaltigen Anwesenheit Gottes ist für Klepper das Nebeneinander von „Idyll und Tragik", das Nebeneinander der schön gestalteten Wohnung in festlichem Glanz *(ein Bild, das in der Wirklichkeit ergreift,* weil es als *von Gott gemeinte Möglichkeit des eigenen Lebens* erkannt wird) und des Wissens, daß das Glück solcher *ernsten Schönheit* unter dem Vorbehalt steht, *mit jedem Augenblick hingegeben werden zu müssen*[28]. Dechiffriert aber wird solche Spur Gottes im eigenen konkreten und gelebten Leben nur vom Auge des Glaubens, nur von Sinnen, die im Sehen und Hören geübt sind, nur vom Beter. In den Adventstagen 1935 registriert Jochen Klepper erschreckt und *in Qualen,* wie *Möglichkeiten des neuen europäischen Krieges erörtert werden,* während der *weihnachtliche Schmuck der Geschäfte* die Stadt Berlin *in einen Zauber taucht,* welcher für ihn durchaus zu tun hat mit Gottes guter Absicht für die Menschen und darum mit Hoffnung auf Zukunft. Diese Hoffnung aber ist mehr als Wunsch und Traum; das erfährt er immer neu in den Worten, *um deretwillen* er *vom Kirchgang nicht lassen kann* – es sind die Worte, *in denen die Versöhnung uns inne wird: „Herr, erbarme dich unser"* – und das *„Ehre sei Gott in der Höhe" nach dem Gnadenspruch, unter denen mein Taufspruch einer der „obersten" ist*[29].

Daß *durch Stern und Krippe, Kreuz und Taube, durch Fels und Wolke* hindurch, also in – äußerlich gesehen – gegensätzlichen Bildern, die Parusie des Herrn geschieht, nimmt der Glaube einerseits punktuell wahr, in der Stunde hörenden Betens und betenden Feierns, in der gestalteten Stunde, die wie in einem Brennpunkt vorwegnimmt, was Gottes Ziel mit den Menschen ist: Gemeinschaft bewahrten und erfüllten Lebens bei *Brot und Wein*[30]. Er nimmt es aber zugleich auch dort wahr, wo er den

Abb. 61: Helmstedt, Untergeschoß der Doppelkapelle St. Petrus und St. Paulus

Weg durch die Zeit als Weg durch das Jahr strukturiert und in Beziehung setzt zum Weg Christi. *Das Kirchenjahr mit seiner immer erneuten Vergegenwärtigung und Darstellung des Lebens Christi bis zur Ausgießung des Heiligen Geistes ist das größte Kunstwerk der Menschen; und Gott hat sich dazu bekannt und gewährt es Jahr für Jahr, „sendet seine Güte und Treue" (Psalm 57) und schenkt von neuem und stets in ganzer Fülle sein Wort zu Advent, Weihnacht, Passion, Ostern, Himmelfahrt, Pfingsten; schenkt es in immer neuem Lichte, als begegnete es einem zum ersten Male.*[31]

Weil Jochen Klepper dieser „Vergegenwärtigung des Lebens Christi" im gottesdienstlich durchatmeten Jahr immer mehr gewiß wird, erschließt sich ihm und den Seinen immer stärker die Kraft, die von der Feier der großen christlichen Feste (auch von der häuslichen Feier) ausgeht. Das ist unter anderem ablesbar an den Reflexionen über die Gestaltung der Christfeste im engsten Familienkreis. Am Heiligabend 1933 schreibt er ins

Tagebuch: *Man macht sich leicht den Vorwurf, sich in die pittores-*
ken Dinge des Weihnachtsfestes zu verlieben. Aber es steht doch mehr
dahinter, wenn man die lieben Züge jeder Stunde festhalten möchte:
nämlich das Erstaunen, daß nach allen Leiden und Zerstörung eines
Jahres soviel Freude, Wärme, Behagen, Glanz wiederkehrt. Die
Sphäre der Sitte und des Glaubens stehen nicht gegeneinander; das
Fest des Glaubens duldet auch das andere; die tiefere, schwerere, fe-
stere Schicht des Glaubens trägt auch die zartere, leichtere. Die Sitte
ohne den Glauben ist ja doch eine Kerze, die nicht angezündet ist. Das
Fest der Sitte appelliert an die Vergebung. Das des Glaubens besitzt
sie; das drückt alle Nähe und Unterscheidung der beiden Feste aus. Ich
kann nicht sagen, daß ich Weihnachten religiöser gestimmt wäre als
sonst. Aber daß die Bibelworte, von denen ich das ganze Jahr über
lebe, mich plötzlich von überall her umgeben: das führt die beiden
Feste zusammen, so daß ich keinen Versuch der Überbrückung zu
machen brauche.

Drei Jahre später – der Lebenshorizont beginnt sich trotz der
Vollendung des „Vater"-Buches zu verdüstern – feiert er mit
seiner Familie fast noch intensiver als bei den vergangenen
Festen die tröstliche Botschaft vom Licht über denen, die in
„Finsternis und Schatten des Todes" sitzen. *Von Jahr zu Jahr*
vertieft, verschönert, verklärt das Fest sich mehr und mehr: immer
deutlicher wird der Abgrund der Zeit, über den es hingeht, und der
Grund der Ewigkeit, auf dem es ruht. Welches Geschenk, nach allen
Bedrohungen, Erschütterungen, Gefährdungen, es wieder, es noch
einmal erleben zu dürfen; denn das ist nun dem Herzen eingehäm-
mert: daß die Bilder und Zeichen des Festes vielleicht sehr bald hin-
gegeben werden müssen. So verloren wirkt die Welt zu dieser heiligen
Zeit. Aber so, nur so kann das Fest begangen werden: als Geschenk
jenseits aller irdischen Sicherheit und Gewißheit[32]. Hier klingt
bereits der Gedanke an, den Jochen Klepper zu Weihnachten
1940 im Tagebuch festhalten wird: daß es fast nur noch die be-
gnadeten Stunden gemeinsamen Feierns sind, die in ihm die
Gewißheit des Glaubens zu beleben vermögen. *Ich war aus allem*
gegangen (er spielt auf das Soldatsein an, das er aus Anlaß des
Weihnachtsurlaubs für wenige Tage hinter sich gelassen hat):
Ich bin in alles heimgekehrt; ich muß nach dem Feste wiederum aus
allem gehen. Aber das Gleichnis bleibt von der endgültigen Heimkehr
ins himmlische Vaterhaus … Noch nie war mir ein Weihnachten so

126

Abb. 62: Kleppers Arbeitszimmer in Nikolassee

erfüllt von der Erwartung der Wiederkehr dessen, der Weihnachten gekommen ist[33].

Daß Klepper vorher mit den Seinen noch tiefer, noch unerbittlicher in den Weg des Menschensohnes hineingezogen würde, welcher *in der „Maske" eines jüdischen Kindes* in die Welt kam *(dem Verworfensten nahe und faßbar)*[34] – daß er selbst noch erfahren würde, was es heißt, keinen Ausweg mehr zu sehen[35], sollte sich erst in der letzten Advents- und Weihnachtszeit erweisen, die diese drei Menschen begingen. Anfang Oktober 1941 entläßt man den „wehrunwürdigen", an seiner „nichtarischen Ehe" festhaltenden Schriftsteller aus dem Heer – wenige Wochen nach Bekanntgabe des Erlasses, daß Juden nur noch mit einem gelben Stern auf der linken Brustseite die Straße betreten dürfen. Deportationen sind an der Tagesordnung und *Massenerschießungen von Juden im Osten* ein offenes Geheimnis[36]. In der Wochenzeitung DAS REICH erscheint Goebbels' *grausiger Artikel „Die Juden sind schuld", dessen Grund und Anlaß offensichtlich sind: die Menschlichkeit, mit der die Bevölkerung auf den Gelben Stern und die Deportationen reagiert*[37]. Am 11. Dezember ergeht die deutsche Kriegserklärung an Amerika, und Plakate verkünden, *daß die Wehrmacht nicht die Waffen aus der Hand legen werde, bis der Jude vernichtet sei*[38]. Die Belastungen werden übergroß: *Lieder vermag ich nicht mehr zu schreiben*, notiert Klepper, *es sei denn das Klagelied des großen Sabbats*[39].

Und dann kommt Weihnachten. Noch ist die – zwei Tage vor dem Christfest gegebene – Anweisung der Kirchenkanzlei der Deutschen Evangelischen Kirche, „daß die getauften Nichtarier dem kirchlichen Leben der deutschen Gemeinde fernbleiben" sollen[40], den Pfarrern und Gemeindegliedern nicht bekannt. Aber viele Christen jüdischer Herkunft wagen es bereits nicht mehr, am gottesdienstlichen Leben der Gemeinde teilzunehmen. Auch Jochen Klepper bekommt es zu spüren: *Als die Glocken läuteten, saßen wir schon in der Kirche, jedoch nicht auf dem gewohnten Platz, sondern dahinter, weil Renerle mit ihrem gelben Stern hinter einer Säule verborgen sein wollte*[41].

Das Ende des Idylls? Ja. Das Ende dankbaren Feierns? Nein. *Menschlich gesehen halte ich unser Verhängnis für unentrinnbar*, hatte Klepper am 30. November 1941 ins Tagebuch geschrieben. Aber er fügte hinzu: *Der Advent hat dennoch nichts von seiner Leuchtkraft eingebüßt; hier eben geht es um etwas, das nicht menschlich ist.* Darum können (nein: darum müssen) die drei Menschen Weihnachten als Fest begehen – auch wenn das *unfaßliche Glück* gerade darin besteht, daß sie um die Gnade des Noch-feiern-Dürfens wissen: *uns gehörte noch eine Adventszeit, wir gehen noch einem Weihnachten gemeinsam entgegen*[42]. Und so tun sie, was sie an jedem Weihnachtsfest vorher auch getan haben. Aus dem Christnachtgottesdienst kehrt die kleine Familie über die „Rehwiese" in das festlich geschmückte Haus zurück. Eine Glocke ruft zur Einbescherung (Johannas Geschenk für Jochen ist ein Crucifixus aus dem 16. Jahrhundert); nach dem Löschen der Kerzen am Baum essen sie *feierlich*, und schließlich beginnt das *„Kerzenfest"*: Lichter *(ein aufbewahrter Schatz vom Vorjahr)* auf allen Möbeln, vor der Madonnenfigur und in den Wandleuchtern – es *war ein solcher Glanz, so vollendete Schönheit und Fülle und Wärme.* Und zum Schluß singen sie die vertrauten Lieder der Weihnacht: „Vom Himmel hoch", „Gelobet seist du, Jesus Christ", „Lobt Gott, ihr Christen allzugleich", „Nun singet und seid froh". Noch im dunklen Weihnachtszimmer *leuch-*

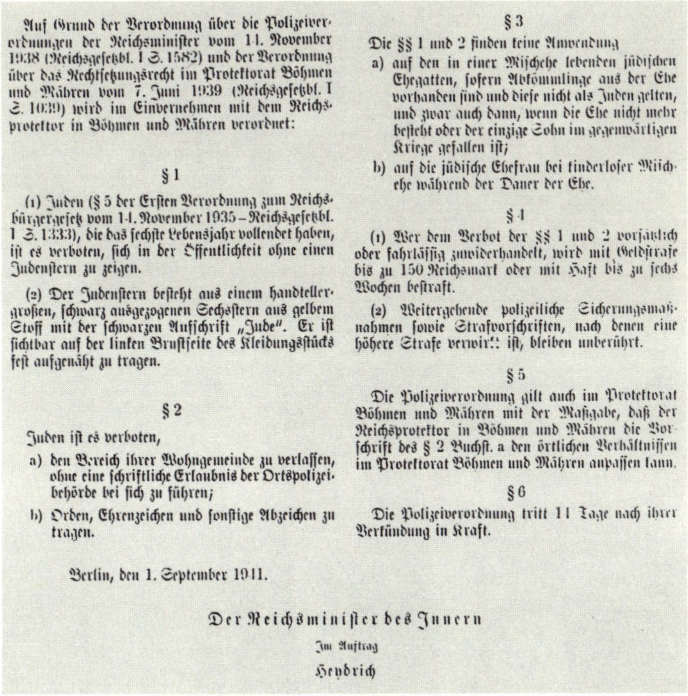

Auf Grund der Verordnung über die Polizei-
verordnungen der Reichsminister vom 14. November
1938 (Reichsgesetzbl. I S. 1582) und der Verordnung
über das Rechtsetzungsrecht im Protektorat Böhmen
und Mähren vom 7. Juni 1939 (Reichsgesetzbl. I
S. 1039) wird im Einvernehmen mit dem Reichsprotektor in Böhmen und Mähren verordnet:

§ 1

(1) Juden (§ 5 der Ersten Verordnung zum Reichs-
bürgergesetz vom 14. November 1935 - Reichsgesetzbl.
I S. 1333), die das sechste Lebensjahr vollendet haben,
ist es verboten, sich in der Öffentlichkeit ohne einen
Judenstern zu zeigen.

(2) Der Judenstern besteht aus einem handteller-
großen, schwarz ausgezogenen Sechsstern aus gelbem
Stoff mit der schwarzen Aufschrift „Jude". Er ist
sichtbar auf der linken Brustseite des Kleidungsstücks
fest aufgenäht zu tragen.

§ 2

Juden ist es verboten,

a) den Bereich ihrer Wohngemeinde zu verlassen,
   ohne eine schriftliche Erlaubnis der Ortspolizei-
   behörde bei sich zu führen;

b) Orden, Ehrenzeichen und sonstige Abzeichen zu
   tragen.

Berlin, den 1. September 1941.

§ 3

Die §§ 1 und 2 finden keine Anwendung

a) auf den in einer Mischehe lebenden jüdischen
   Ehegatten, sofern Abkömmlinge aus der Ehe
   vorhanden sind und diese nicht als Juden gelten,
   und zwar auch dann, wenn die Ehe nicht mehr
   besteht oder der einzige Sohn im gegenwärtigen
   Kriege gefallen ist;

b) auf die jüdische Ehefrau bei kinderloser Mischehe während der Dauer der Ehe.

§ 4

(1) Wer dem Verbot der §§ 1 und 2 vorsätzlich
oder fahrlässig zuwiderhandelt, wird mit Geldstrafe
bis zu 150 Reichsmark oder mit Haft bis zu sechs
Wochen bestraft.

(2) Weitergehende polizeiliche Sicherungsmaß-
nahmen sowie Strafvorschriften, nach denen eine
höhere Strafe verwirkt ist, bleiben unberührt.

§ 5

Die Polizeiverordnung gilt auch im Protektorat
Böhmen und Mähren mit der Maßgabe, daß der
Reichsprotektor in Böhmen und Mähren die Vor-
schrift des § 2 Buchst. a den örtlichen Verhältnissen
im Protektorat Böhmen und Mähren anpassen kann.

§ 6

Die Polizeiverordnung tritt 14 Tage nach ihrer
Verkündung in Kraft.

Der Reichsminister des Innern

Im Auftrag

Heydrich

Abb. 63: Polizeiverordnung über die Kennzeichnung der Juden vom 1.9.1941

tete es rotgolden vom Christbaum her ... Es ist, als wollten die drei
Menschen das eigene Bangen Lügen strafen – und trotzdem
drücken sie auf ihre Weise nur aus, was ihnen dieses Fest bedeutet. *Weihnachten ist da, und noch immer schreit das Herz: „Ach, daß
du den Himmel zerrissest und führest herab!" Und er ist doch herab-
gefahren; und wir glauben es fest.* Darum müssen sie das andere
nicht verdrängen – die *entsetzliche Verwirrung und Versuchung
und Verirrung*, den *Gedanken an das Weihnachten der Kameraden*,
das Wissen um die in die Todeslager Deportierten: *vielleicht ist
bei ihnen heute „Kirche" wie nirgends sonst*[43]. Sie müssen es nicht
verdrängen, denn es gewinnt keine letzte Macht über sie. Sie
wissen von dem, der auch sie nicht allein läßt. *Es war,* schreibt

129

Abb. 64: Gedächtniskreuz für die Opfer der Weltkriege, unweit von Kleppers Grab

Klepper am Abend des zweiten Weihnachtstages in sein Tagebuch, *wieder wie ein Bannkreis gegen Kummer, Angst und Sorge*[44].

Man könnte meinen, Jochen Klepper und seine Frau hätten
diesen Bannkreis erneuern wollen, als sie im Oktober des nächsten Jahres eine Reise nach Würzburg und Nürnberg antreten
– *auf den Wegen von Hannis Kindheit und Jugend*[45] – und bei
einem kurzen Aufenthalt in Augsburg die gotische Plastik eines
segnenden Christus erwerben[46]. Das Bildwerk soll Kleppers
Weihnachtsgeschenk für seine Frau sein. Noch einmal erwacht
Hoffnung in ihm: *Wird das „Ewige Haus" noch je geschrieben: dieser Christus ist der Christus meines Buches*[47]. Aber das Buch bleibt
Fragment. Und das zwölfte Weihnachtsfest der Ehe von Jochen
und Johanna bleibt ungefeiert. An die Stelle des Friedens, der in
der Beglückung durch das Schöne entspringt, ist endgültig ein
anderer Friede getreten.

„DER ERDENTAG WIRD MIR ZU LANG ..."

„Die Kirche verurteilt den Selbstmord, aber nicht den Selbst-mörder", heißt es im Evangelischen Erwachsenenkatechismus. „So wenig es dem Christen ansteht, einen Selbstmörder zu ver-dammen, so sehr muß er sich ins Bewußtsein rufen und darauf aufmerksam machen, daß es eine Anmaßung ist, sich selbst zum Herrn über das eigene Leben zu ernennen. Nach christlicher Auffassung hat der Mensch kein Recht zu einem solchen zer-störerischen Eingriff, da er sich das Leben auch nicht selbst gab, sondern mit seinem Lebensauftrag von Gott geschenkt bekam (1 Mose 2,7)".[1] War also der Selbstmord Jochen Kleppers und der Seinen doch so etwas wie letzte Auflehnung gegen Gott und damit Sünde? Oder aber ein Akt der Freiheit – auch und gera-de im Blick auf überkommene kirchliche Wertvorstellungen? Es gibt noch andere Deutungen: War dieser Schritt vielleicht die Konsequenz einer zweifelhaften theologischen Position, nämlich dulderischer Loyalität jeder Obrigkeit (also auch dem nationalsozialistischen Staat) gegenüber?[2] Folge des Verzichtes auf rechtzeitige Emigration und auf das Benutzen illegaler Wege? Oder realisiert sich an jenem Abend des 10. Dezember 1942 nur das, was der überempfindsame Dichter vorwegneh-mend schon seit Jahren in einer Art gedanklichen Spiels erprobt zu haben schien?[3]

In der Tat wäre es fragwürdig, die Entscheidung Jochen Kleppers, gemeinsam mit Frau und Tochter aus dem Leben zu gehen, als „Kurzschlußhandlung" zu erklären, in der „das Aus-maß der Ausweglosigkeit überschätzt" wurde[4]. Sie war vielmehr verwoben mit Faktoren der eigenen Personwerdung und des zeitgeschichtlichen Kontextes: mit Vorgegebenem, mit Erfah-rungen, die ebenso deutlich auf Kindheit und Jugend des Dich-ters, wie auch auf die lebensfeindlichen Mechanismen des nationalsozialistischen Systems zurückverweisen.

Verschiedene Briefe der Jahre 1925 und 1926 enthalten Hin-weise auf *Quälerei* und *dauernde Anspannung*, und Klepper fragt sich, ob eine *ernstliche Erkrankung* vorliege oder *nur psychische Störungen* Ursache der *schlimmen Kopfschmerzen* seien[5]. All dies ist (wie auch die in einem früheren dramatischen Entwurf ent-haltene Reflexion des Selbstmordproblems[6]) Ausdruck einer das

ganze Leben Kleppers begleitenden Sensibilität für die End-
lichkeitserfahrung überhaupt. Schon dem Kinde sind häufige
Krankheit und Schmerz existentieller Anstoß für das Nachden-
ken über Leben und Tod, und je wacher der kleine Joachim die
Welt des Pfarrhauses miterlebt, desto intensiver bewegt ihn
zugleich die Frage nach dem Zusammenhang des Glaubens mit
jener Erfahrung menschlicher Grenzen. Eine unbeholfene
Zeichnung des Siebenjährigen spiegelt etwas von der Problematik, die das kindliche Bewußtsein plagt: Neben einer weißen
Frauengestalt im aufrechtstehenden Sarg eine zweite, dunkle
Figur; dazu als Text die Worte *Woh wir tohten erwachen*[7]. Klingt
hier – begleitet vom Motiv der Hoffnung – schon das Thema
an, das der Sechsundzwanzigjährige in vier Verszeilen mit dem
Titel „Abschied" zu bannen versuchen wird?

> *Er scheidet wie von einer Braut.*
> *Sie wissen ganz: So ist ein Ende.*
> *Sie blickt nur still auf seine Hände,*
> *wie man auf eine Heimat schaut.*[8]

Jedes „Ende" scheint für ihn Vorabbildung der Endlichkeit zu
sein, welche uns im Tode begegnet. Die Kündigung durch den
Ullstein-Verlag (1935) – *völlig gleichgültig von den Menschen auf-*
genommen, mit denen man immerhin zwei Jahre zusammengearbei-
tet hat (sie machten ihre Witzchen wie immer) – läßt ihn *sterbens-*
müde werden[9]. Einen Rückblick auf berufliche Stationen (im
Frühjahr 1936) schließt Klepper mit der Bemerkung, er sei
gescheitert, *Gott* habe ihn *nicht brauchen können;* und er fragt, ob
er nicht auch als Schriftsteller schon am Ende sei – *wie in allem*
andern und will es nicht erkennen?[10] Vier Jahre später, angesichts
des Kriegsverlaufes und der Situation der Juden in Deutschland, schreibt er ins Tagebuch: *Die Ungerechtigkeit in der Welt so*
offen, so nahe miterlebt zu haben, ist eine elementare Erfahrung. Ver-
wertbar ist sie nicht. Und erholen kann man sich von ihr nicht mehr.
Und dennoch will das Herz sich ganz dem Leben verbinden. Familie,
Haus, Arbeit. Nur hat es das Ende aller Dinge nahe gesehen[11].

Dieses Herz, welches das Ende der Dinge sah und sich nicht
mehr zu erholen vermag, ist jedoch nicht blind für die empfan-
genen Gaben. Kleppers Lied für den letzten Sonntag des Kirchenjahres beginnt mit der Klage: *Mein Gott, ich will von hinnen*

DAS REICH

30 PFENNIG

Nr. 46 JAHR 1941 ✳ DEUTSCHE WOCHENZEITUNG ✳ BERLIN 16. NOVEMBE

ENGLAND UNTER FREUNDESDRUCK

Schaposchnikow

bow Ein Fachmann sein — das ist in der Sowjetunion noch immer ein ziemlich bitteres Los gewesen. Der hochentwickelte Verstand wird, übrigens nicht ganz mit Unrecht, als eine FußregIe für kommunistische Gläubigkeit angesehen, und eine stark kritische Begabung wird mit starrer Dogmatik wohl immer im Kriege liegen. Der Fachmann ist dem sowjetischen System nützlich, aber gerade deshalb verdächtig; ist er gar unentbehrlich, so ist er eben deshalb eine Gefahr. Wie auch immer die Karten gemischt wurden — der Fachmann konnte sicher sein, die schlechten zu ziehen. Der Erfolg bedrohte ihn nicht weniger als der Mißerfolg; jener machte ihn überflüssig, dieser aber ließ ihn immer die unlösbare Aufgabe, ausnehmen, was die Politiker verdorben hatten, und damit klüger zu sein als sie.

Sieht man sich um im Kreise der Sowjetmarschälle, so scheint die Schlossern die beste Schule für hohe Kommandos zu sein. Woroschilow, Timoschenko, Mereschow und andere Größen entstammen diesen sonst elt rarer Handwerk, Schaposchnikow, jetzt wieder „Generalstabschef der Roten Armee", muß sich in solchem Kreise seltsam genug ausnehmen. Er entstammt einer alten, im Uradelbei...

Noch liegt die Härte des Kampfes auf den Gesichtern der Männer — schon geht es wieder weiter auf dem LKW — vorwärts!

H-PK-Aufnahme: Kriegsberichter Ernst Baumann

WACHSENDE FORDERUNGEN

Der englische Ministerpräsident hat zur eigenen Rechtfertigung die Schuld am Kriege erneut Deutschland zugeschoben. Er kann die Akten nicht entkräften, Geschehenes nicht ungeschehen machen; daß England, und in England vor allem er selbst, den Konflikt ausgelöst und die Friedensbereitschaft Deutschlands zurückgewiesen hat. Trieb ihn die innerpolitische Situation dazu, von der eigenen Schuld an diesem Kriege, von England vor die Entscheidungen stellt, abzulenken? England ist nicht nur von den Deutschen bedroht, die eigenen Freunde und Bundesgenossen bedrängen es. Zu der Bitternis, die Hilfe der Vereinigten Staaten durch militärische und wirtschaftliche Zugeständnisse, durch Stützpunkte und Monopolverzichte erkaufen zu müssen, hat es die Förderung der Bolschewisten auf Kriegsunterstützung in Westeuropa gesellt, die es leisten soll, die die englische Regierung aufs wachsen...

[weiterer Spaltentext]

In dieser geschichtlichen Auseinandersetzung ist jeder Jude unser Feind,
gleichgültig, ob er in einem polnischen
Ghetto vegetiert oder in Berlin oder in
Hamburg noch sein parasitäres Dasein
fristet oder in New York oder Washing-
ton in die Kriegstrompete bläst. Alle
Juden gehören aufgrund ihrer Geburt
und Rasse einer internationalen Ver-
schwörung gegen das nationalsoziali-
tische Deutschland an. Sie wünschen
seine Niederlage und Vernichtung und
tun, was in ihren Kräften steht, um
daran mitzuhelfen. Daß sie im Reich
selbst dazu nur noch geringe Möglichkeiten finden, ist nicht etwa darauf zu-
rückzuführen, daß sie hier loyal wären,
sondern ausschließlich darauf, daß wir

dagegen die uns geeignet erscheinenden
Maßnahmen getroffen haben.
Eine dieser Maßnahmen ist die Ein-
führung des gelben Judensterns, den
jeder Jude sichtbar zu tragen hat.

4. Wenn einer den Judenstern trägt, so
ist er damit als Volksfeind gekenn-
zeichnet. Wer mit ihm noch privaten
Umgang pflegt, gehört zu ihm und muß
gleich wie ein Jude gewertet und be-
handelt werden. Er verdient die Ver-
achtung des ganzen Volkes, das er in
seiner schwersten Zeit feige und gemein

im Stich läßt, um sich auf die Seite
seiner Hasser zu stellen.
5. Die Juden genießen den Schutz des
feindlichen Auslandes. Es bedarf keines
weiteren Beweises für ihre verderbliche
Rolle in unserem Volk.
6. Die Juden sind Sendboten des Fein-
des unter uns. Wer sich zu ihnen stellt,
läuft im Kriege zum Feinde über.
7. Die Juden haben kein Recht, sich
unter uns als gleichberechtigt aufzu-
spielen. Wo sie auf der Straße, in
Schlangen vor den Läden, auf den Ver-
kehrsmitteln das Wort ergreifen wollen,
sind nicht nur, weil sie grundsätzlich Unrecht
haben, sondern weil sie Juden sind und

Abb. 65: Titelseite der Wochenzeitung „Das Reich" vom 16.11.1941 und Ausschnitte aus dem Leitartikel („Die Juden sind schuld") von Dr. Joseph Goebbels

gehen, *der Erdentag wird mir zu lang*, aber schon in der zweiten Strophe wird der Blick des Beters geöffnet für die Zuwendung Gottes gerade demjenigen gegenüber, der an jenen „elementaren Erfahrungen" zerstörten Lebens leidet.

> *Nicht, daß ich nicht zu danken wüßte*
> *für das, was du mir hier beschert.*
> *Nicht, daß ich nicht geduldig büßte,*
> *solang es dein Gericht begehrt.*
> *Doch das, wonach mein Herz so brennt,*
> *ist, daß mich nichts von dir mehr trennt.*

Weil Gott sich schenkend und richtend dem von der Todeserfahrung geängstigten Menschen zuneigt, darum kann Sehnsucht und Hoffnung aufbrechen – nach der Stadt (Gottes), deren Tor *Tag und Nacht* offensteht, nach dem Brunnen, der *ewig quillt*, nach dem Du, das nicht scheidet, sondern *sucht und heimruft*[12].

Durch zweierlei wird diese Sehnsucht verschärft und ins fast Unerträgliche gesteigert: durch die ständig wiederkehrenden Phasen der Schlaflosigkeit[13] und durch Kleppers Sensibilität für die Stimme des Unterbewußten (etwa in Gestalt der Träume). Man fühlt sich an Reinhold Schneiders leidenschaftliches Hoffen auf „die ewige Ruhe" erinnert[14], wenn man das Gedicht *Der Schlaf*[15] liest:

Abb. 66: Brandenburg/Havel: Jüdische Bürger vor der Deportation (12.4. 1942)

> *Barmherzig ist der Schlaf, der tiefe,*
> *als ob uns Gott zum Ursprung riefe*
> *und wieder ‚Adam' zu uns sagte.*
> *Barmherzig ist der Schlaf, der schwere,*
> *als ob uns Gott zum Ende kehre*
> *und nur der Jüngste Morgen tagte.*

Aber ein tiefer und barmherziger Schlaf scheint Klepper versagt zu sein. *Ich träumte, ich sähe Hannis Gesicht, entstellt, auf dem „Schweißtuch der Veronika", und es sprach: „Ich habe Angst". Dann: daß wir uns das Leben nehmen wollten, und es Renerles wegen nicht taten*[16]. Im Traum sieht er das gerade erst bezogene Haus in Nikolassee *mit eingestürzter Ostwand, zertrümmertem Dach, umgebrochenen Tannen,* und ihn überkommt *ein Gefühl des ver-*

zweifelten Schmerzes[17]. Er träumt *von furchtbaren Unwettern und einem vernichtenden Zusammenstoß der Sterne*[18], von *Flüchtlingsströmen*, die *aneinander vorbei aus Städten und in Städte irren …, ratlos …, hin und zurück, nach allen Richtungen und aus allen Richtungen: Deutsche, Norweger, Polen, Holländer, Franzosen, darunter die Juden all der Völker*[19]. Mit dieser intuitiven Hellsichtigkeit für das Tödlich-Bedrohende im eigenen Leben und im Leben der europäischen Völker ist – wir stießen schon in anderem Zusammenhang darauf – eine Genauigkeit des Beobachtens politischer Vorgänge verbunden, die ein Mensch wie Klepper nur als furchtbare Last empfinden konnte.

So vermerkt er im August 1938 die Kriegsvorbereitungen der nationalsozialistischen Staatsführung und das „nihilistische" Abstumpfen vieler gegenüber diesen Maßnahmen; die Möglichkeit eines deutschen Sieges – im Jahre 1940 auch von Klepper noch geglaubt – läßt ihn die Frage stellen, was danach aus den Juden werden soll[20]. Auf die eigene Familie bezogen: *Kann Hanni noch – gewinnt Deutschland den Krieg – jemals auf ein Wiedersehen mit Brigitte hoffen?*[21] Der Horizont ist geschlossen, Wege in eine glückendere Zukunft scheint es nicht mehr zu geben. Was noch im April 1939 möglich war – die Verdrängung der eigenen Ängste (Klepper registriert eine *krankhafte Furcht* der deutschen Juden) –, wird von den Ereignissen auf entsetzliche Weise überholt: *Es ist furchtbar, wenn in dem Begriff Vaterland das Väterliche ganz für einen ausgelöscht wird und der Drohung weicht*[22].

Was Jochen Klepper in all dem am stärksten berührt, ist der unerfüllt gebliebene Wunsch nach einem Kind mit Johanna. Als leidvolles Thema zieht sich der Gedanke durchs Tagebuch, *die eigene Familie* sei ihm von Gott *in Hanni verwehrt* worden[23]. *Leere, Armut* und *schrecklicher Hohlraum* sind die Chiffren, mit denen er diesen Punkt des *Kreuzes* über seinem Leben bezeichnet. *Je inniger, je klarer, je fester* die Ehe *wird, desto deutlicher* sieht er den *großen, negierenden Strich*, der seine Hoffnung auf erfülltes und durch Fruchtbarkeit gesegnetes Leben durchkreuzt und so auch den Selbstmord zur Möglichkeit macht[24]. Als Jochen Klepper diesen Zusammenhang zum erstenmal formuliert (es ist im Juni 1933), ahnt er nicht, daß sieben Jahre später tatsächlich eine Lage eintreten wird, in der ein „Mischlingskind" *zum starken Schutz für den jüdischen Elternteil* werden könnte[25]. So

Abb. 67: Michael Meschke, „Kind eines Gleichaltrigen" (1941)

bleibt ihm nur, das heranwachsende Leben in einer anderen Familie mit schmerzlicher Liebe zu begleiten. 1937 übernimmt er die Patenschaft für Eva-Juliane und Kurt Meschkes Tochter Monika, und mit tiefer Zuneigung weiß er sich Michael, dem ersten Kind der Freunde, verbunden. Daß ein Gleichaltriger den Sohn hat, der ihm selbst versagt bleibt, quält ihn, und flüchtig bewegt ihn der *schreckliche* Gedanke an ein Kind außerhalb der Ehe mit Johanna – aber *ein Kind von einer anderen Frau, die nicht mit einem und mit dem Kinde lebt, das ist ja so undenkbar*[26]. Um so intensiver ergibt sich damit fast notwendig eine zweite Aufgabe: nämlich den Töchtern der geliebten Frau Fürsorge und Schutz zu gewähren, solange es in seinen Kräften steht. Als der Gedanke an eine Auswanderung der beiden Mädchen realere Formen annimmmt, schreibt Klepper an Reinhold Schnei-

Abb. 68: Renate Stein (1940)

der, das Haus sei *nun seines Sinnes beraubt; denn ein Haus soll ja wirklich mehr sein als die letzte Zuflucht zweier Menschen*[27]. Vielleicht gerade deshalb fällt es ihm jedoch schwer, die Emigration als sinnvoll zu akzeptieren. Klepper hält es zwar für gerechtfertigt, daß Pfarrer Kurt Meschke um der Herkunft seiner Frau willen 1939 mit den Seinen nach Schweden übersiedelt *(die Sonderstellung der Pastoren gegenüber den anderen Beamten hört auf ... Punkt um Punkt weicht die Kirche zurück*[28]). Im Hinblick auf die eigene Familie aber meint er zunächst noch, die Dinge lägen anders. So schreibt er im Juli 1939 in einem Brief, Brigitte sei emigriert, *weil ihre Bekannten gingen;* doch schon ein reichliches halbes Jahr danach erkennt er, *wie richtig ihr Entschluß war*[29].

Daß im Lichte dieser Einsicht Renates Verbleiben in Deutschland zu Problemen führen sollte, zeigte sich nur zu bald. „Renerle" hatte *die Wunde* der Kinderlosigkeit in ihm *geschlossen*[30] – sie ist *immer mehr mein Kind geworden*, notiert er unmittelbar vor Weihnachten 1941 –, und eben dies läßt ihn zugleich wahrnehmen, wie sehr damit auch seine Verantwortung für sie gewachsen ist: eine Verantwortung, die er als *Unheil* empfindet, eine Verantwortung, die *vielleicht sehr bald für uns drei zum Tode führt.* Der Dichter ahnt, er könnte der Tochter seiner Frau zum Verhängnis geworden sein: *weil sie, genau spürend, daß sie „das Kind" für mich ist, trotz aller Abenteuerlust und trotz mancher Last, die damals schon hier auf ihr ruhte, meinetwegen nicht mit Brigitte nach England ging; ich zerstörte ihre schönsten Jugendjahre.* Aber selbst das noch wäre für ihn ein ertragbarer Gedanke, *wenn dieser entsetzlichen Jugend noch ein anderes Leben folgte.* Und wenig später, in der gleichen Eintragung, heißt es: *Die Mischehe, so sehr ist man nun an das Verzerrte, Quälende gewöhnt, ohne Renerle wäre sie, wie die Dinge bisher sich gestalteten und zur Zeit noch liegen, nicht unerträglich. Was mit Renerle zusammenhängt, das kommt dem Unerträglichen nahe*[31].

Deutlich also sind Züge und Elemente in Kleppers Leben zu erkennen, die im Zusammenspiel mit dem politischen Geschehen den Boden für ein gemeinsames Sterben der Familie bereiteten. Trotzdem kann nicht übersehen werden, daß eben jenes Geschehen zunächst vor allem auf Kleppers Frau verunsichernd wirkte und ihre Persönlichkeit tief erschütterte. Eine frühe Erwähnung der Selbstmordmöglichkeit – niedergeschrieben kurz nach der Entlassung beim Rundfunk – knüpft offensichtlich an vorangegangene Gespräche zwischen Jochen und Johanna an, wenn es im Tagebuch heißt, er (Klepper) werde immer *Furcht haben müssen, daß drei Dinge Hanni zum Selbstmord bringen: Wenn ich sterbe. Wenn sich zeigt, daß sich bei Hanni die Krebskrankheit ihrer Familie vererbt hat. Wenn ein völliger finanzieller Zusammenbruch kommt. Ich werde es immer fürchten müssen, so gern Hanni auch lebt ... Ich, glaube ich, könnte betteln gehen, um zu leben. Alles glaube ich, könnte ich – nur Hannis Tod stellt mir mein Leben in Frage*[32]. Knapp zwei Wochen später, am 27. Juni 1933, gewinnen sie die beklemmende Einsicht: Als *Jüdin in Deutschland, als Deutscher in Deutschland sind wir eingekreist, haben keinen Raum mehr.* Aber Jochen Klepper glaubt, sein Beruf biete ihm und seiner Frau im Ausland keine Lebenschancen, und Johanna

*Abb. 69: Mitten unter uns: Abtransport jüdischer Bürger in Hanau 1942
(Original: Bildstelle Hanau)*

ist sehr müde ... Rückt also schon zu diesem Zeitpunkt der
Selbstmord in den Blick der beiden Menschen? Vielleicht – aber
noch als die ausgeschlossene Möglichkeit, denn *eine Ehe ist eine
Lebensgemeinschaft, aber kein Todesbund. Das gemeinsame Sterben
liegt nicht im Sinn der Ehe, vielmehr wird sie durch einen solchen
Entschluß gelöst, weil man über sich, den anderen und das verbunde-
ne Leben das Todesurteil spricht.* Und einige Zeilen später: *Der
Selbstmord ist das einzig Endgültige, das der Mensch tun kann. Dar-
um streift er an Gottes Recht. Darum ist der Schauer vor dem
Selbstmord so tief*[33].

Daß dieser „Schauer" für Klepper mehr und mehr die
Fremdheit verliert, hat nicht zuletzt mit der immer konkreter
werdenden Verfolgungssituation und mit der sich wandelnden
theologischen Einschätzung des Problems zu tun. Eines ist es,
über das selbstgesetzte Ende des Lebens nachzudenken, weil die
wirtschaftliche Existenz oder auch nur der erworbene Lebens-

standard in Frage gestellt zu sein scheint; ein anderes ist es, als Schriftsteller an einer Ehe festzuhalten, wenn der Preis dafür das endgültige Schweigen wäre, oder vor die Wahl zwischen freiwilliger und erzwungener Scheidung gestellt zu werden. Eines ist es, über die Frage des Selbstmordes in eigener Notlage nachzudenken; ein anderes ist es, hilflos die Todesgefahr geliebter Menschen mitzuerleben und nur mehr fragen zu können, auf welche Weise man noch „bei ihnen zu stehen" vermag[34].

Der Lauf der Jahre läßt in Klepper die Erkenntnis reifen: Wenn Sünde bestimmbar ist als der Lebensvollzug gegen Gott und sein Gebot, Gott selbst aber in Christus alles überwunden hat, was uns von ihm wegreißen will, so kann auch der Selbstmord *uns von Gott nicht trennen* – selbst wenn man weiß, *was alles er an Hinwerfen des Vertrauens, an Auflehnung gegen Gott bedeutet* und wie sehr er damit *das Zeugnis für das Evangelium belastet*[35]. Welches Tun von Menschen könnte denn überhaupt ein gutes Zeugnis für Gott sein? fragt Klepper an anderer Stelle. Und er fährt fort: *Ich kenne keinen Christen in der „Heiligung"*[36]. Ein bitterer Gedanke, voller Resignation, wie es scheint – und doch von befreiender Kraft, wo er eingebunden ist in die Gewißheit, daß eben diesem an seiner „Heil-losigkeit" Leidenden das Heil zugesprochen ist, daß diesem Sich-selbst-schuldig-Sprechenden das Heil *widerfährt,*

> *heut, da dein Heiland eingekehrt,*
> *dich wieder heimzubringen*
> *auf adlerstarken Schwingen.*

Und dieses „Heute" des Evangeliums – das ahnt Jochen Klepper schon im Zusammenhang erster Fragen nach Schuld und Vergebung selbstgewählten Sterbens – eröffnet Zukunft vor Gott, weil ER „jede Sünde" (Mt 12,3 1) wegnehmen will. Es wäre Anmaßung des Menschen, wollte er dem Heilshandeln Gottes Grenzen ziehen. *Die* – unvergebbare – *Sünde gegen den Heiligen Geist bleibt wohl Geheimnis; geoffenbart wird sie nur dem, der sie begehrt,* sie kann nicht identisch sein mit dem Sprung ins Dunkel des Todes[37], wo Menschen vor Gott ihre Ohnmacht in der Welt erkennen und mit dem Psalmdichter beten: „... Angst ist nahe, denn es ist hier kein Helfer" (22,12).

Abb. 70: Weihnachten 1940

Allerdings: solches gilt so und mit diesen Konsequenzen allein unter der Prämisse des Glaubens, der sich an dem in Jesus Christus sichtbar gewordenen Willen Gottes festmacht.

> *Ohne Gott bin ich ein Fisch am Strand,*
> *ohne Gott ein Tropfen in der Glut,*
> *ohne Gott bin ich ein Gras im Sand*
> *und ein Vogel, dessen Schwinge ruht.*
> *Wenn mich Gott bei meinem Namen ruft,*
> *bin ich Wasser, Feuer, Erde, Luft*[38].

Von diesem Glauben her kann einerseits sogar noch der Verzweiflungsschritt der Gejagten einen Sinn (und zwar für andere) bekommen; der Selbstmord des Schauspielers Joachim

143

Gottschalk und seiner jüdischen Frau im Herbst 1941 bewirkte offensichtlich eine – wenn auch nur kurze – Änderung des Verhaltens der NS-Behörden gegenüber „jüdisch versippten" Künstlern, und Klepper notiert: *Er scheint, als habe Gottschalk und seine Frau mit dem Selbstmord ein Opfer ... gebracht, das wenigstens für eine Frist für uns wirksam ist*[39]. Andererseits aber setzt eben jener Glaube noch angesichts des Unabwendbaren Kräfte frei, welche Liebe inmitten einer Welt der Lieblosigkeit, Fürsorge inmitten geplanter Zerstörung ermöglichen – und wäre es die Liebe, die sich ganz darangibt, wäre es die Fürsorge, die sich selbst vor der Zerstörung nicht bewahren kann. Klepper – übermüdet von der *Last, an der man sich wohl wundtragen kann*[40], und hinlebend *in diesem Schrecken ohne Ende*[41] – registriert nach der Entlassung aus der Wehrmacht mit immer neuem Entsetzen die staatlichen Maßnahmen gegen die Juden in Deutschland: die Verordnung über das Tragen des gelben Sterns, Wohnungskündigungen, Erfassungen des Eigentums, Abtransport in die Lager ... Aber zugleich konsultiert er Anwälte und Beamte, sucht Verbindung zur Geheimen Staatspolizei, korrespondiert mit den Freunden in Schweden und ersucht schließlich den Reichsinnenminister, *der so oft den „Vater" verschenkt hat*, um eine Audienz. Das Ergebnis ist die zunächst mündlich gegebene, dann aber auch schriftliche Zusicherung, daß Renate vorerst von den Deportationen (von Frick als „Aussiedlung" um der *Schaffung von Wohnraum* willen bezeichnet) verschont bleiben soll[42].

Aber dann zieht sich das Netz enger zusammen. Klepper erfährt Einzelheiten über den Anlaß von Gottschalks Tod. Der Sonderbeauftragte für die Überwachung nichtarischer Künstler, Hans Hinkel, habe den Schauspieler vor die Alternative gestellt: Beruf oder Ehe. *Er antwortete: Ehe und einen anderen Beruf, und sei es: Arbeiter. – Hinkel: Auch das würde ihm nichts nützen; er habe die künftigen Erlasse in seiner Mappe; Gottschalk würde seine Frau nicht bei sich behalten und sie nicht vor der Deportation bewahren können.* Am Abend, da Klepper davon hört, es ist der 17. November 1941, erzählt Renate, sie werde sich im Falle der Verschleppung zusammen mit einem befreundeten, gleichfalls betroffenen achtzehnjährigen Mädchen das Leben

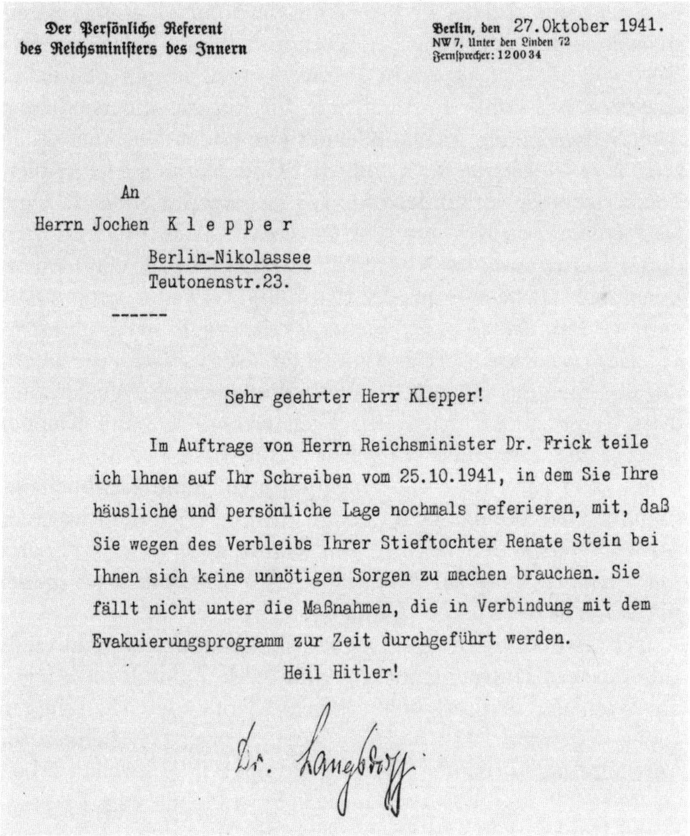

An

Herrn Jochen K l e p p e r

Berlin-Nikolassee
Teutonenstr.23.

Sehr geehrter Herr Klepper!

Im Auftrage von Herrn Reichsminister Dr. Frick teile
ich Ihnen auf Ihr Schreiben vom 25.10.1941, in dem Sie Ihre
häusliche und persönliche Lage nochmals referieren, mit, daß
Sie wegen des Verbleibs Ihrer Stieftochter Renate Stein bei
Ihnen sich keine unnötigen Sorgen zu machen brauchen. Sie
fällt nicht unter die Maßnahmen, die in Verbindung mit dem
Evakuierungsprogramm zur Zeit durchgeführt werden.

Heil Hitler!

Dr. Langhbrig

Abb. 71: Der „Schutzbrief" für Renate Stein

nehmen. Am selben Abend erörtern die drei Menschen zum
erstenmal den gemeinsamen Schritt in den Tod.

Aber noch ist ihre Zuversicht nicht gänzlich erloschen.
Obwohl sie wissen, daß bei einem der Deportationstransporte,
die im Januar 1942 Berlin verlassen, auch Renate hatte dabei
sein sollen, und trotz beunruhigender telefonischer Anrufe[43],
intensivieren sie die Kontakte zum Ehepaar Meschke und zu
schwedischen Behörden. Verantwortliche Stellen in Stockholm

fürchten zwar, daß der *Preis für Hilfe und Schutz* deutscher Ministerialbeamter gegenüber emigrationswilligen Juden *die Verpflichtung zur Spionage* sein könnte[44], doch immer deutlicher zeichnen sich konkrete Aussichten für Renates Übersiedelung nach Schweden ab. Jochen Klepper empfindet die Situation *als furchtbare Umklammerung,* und jeder Gedanke an die liegenbleibende Arbeit ist verbunden mit *nicht zu stillendem Schmerz.* Und: *Gott hat uns dem Arm der Welt übergeben*[45]. Acht Wochen nach dieser Eintragung, im November 1942, ergänzt er den Gedanken durch das Bekenntnis der Hoffnung: *Gott ist ja mit uns noch nicht am Ziel, und wo anders könnte der Ausweg für uns liegen als bei den göttlichen Zielen?*[46] Das Wissen um Gottes Ziele, (genauer:) um das Ziel, das ER mit der Verheißung seines „Wiederkommens" gesetzt hat, mache die Welt erträglich, hatte Klepper 1940 einmal formuliert[47]. Ist jetzt an die Stelle der Aussage die bange oder gar zweifelnde Frage getreten? Eine Tagebucheintragung vom Vorabend des ersten Advent 1942 muß wohl als Antwort verstanden werden: *Wir können nicht zweifeln, können vom Glauben nicht los, nachdem er doch so schmerzhaft in uns geschieden ist von irdischer Hoffnung.*

Der Glaube, von dem sie nicht lassen können, ist nicht mehr gebunden an Hoffnung auf eine glückende Zukunft im Inferno der Welt, aber dennoch bleibt Jochen Klepper den Menschen in Liebe zugewandt. Mit Sorgfalt sucht er nach Geschenken für Vertraute und Freunde: Michael Meschke in Schweden erhält ein liebevoll ausgewähltes Tierbuch zum Geburtstag. Er empfindet Dankbarkeit und Freude über die Nachricht, daß Brigitte in England eine Tochter geboren hat, die den Namen Katharina erhalten soll; und er weiß, wie sehr er *dafür danken muß, daß das Kind nicht in Deutschland, dem Deutschland dieser furchtbaren Gegenwart, geboren ist*[48]. Es bedeutet ihm viel, daß es ein paar Menschen gibt, die nicht von den Verfolgten weichen und das Mögliche zu tun versuchen. Am 10. Dezember schreibt er an seine Schwester Margot nach Hildesheim, was ihm und seiner Frau die Nähe und Hilfe der in Berlin lebenden Schwester Hildegard *in diesen schweren Tagen* bedeutet[49]. Es ist derselbe Tag, an dem Eva-Juliane Meschke in Viggbyholm einen Brief nach Berlin zur Post gibt: Renates Einreise nach Schweden stehe nun nichts mehr entgegen. „Als unser allerherzlichster Weihnachts-

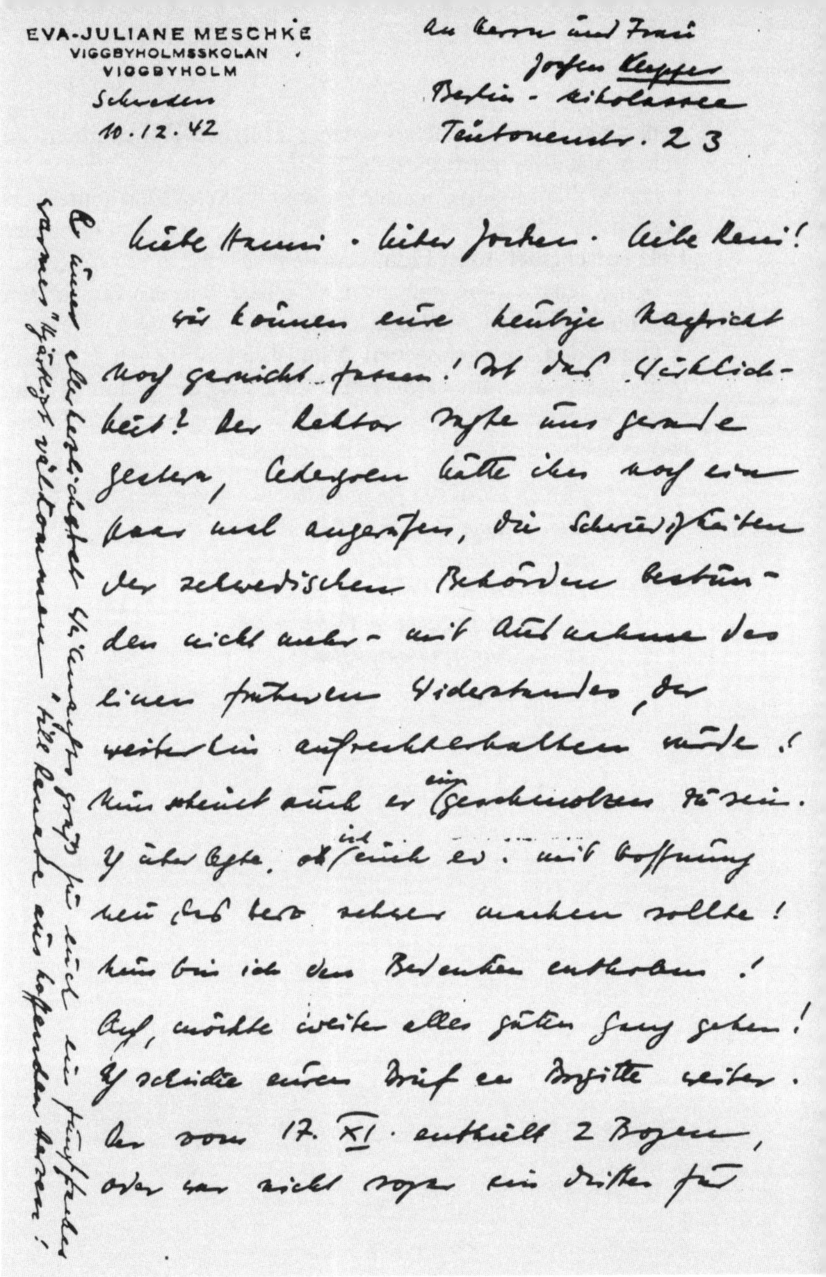

EVA-JULIANE MESCHKE
VIGGBYHOLMSSKOLAN
VIGGBYHOLM
Schweden
10.12.42

An Herrn und Frau
Jochen Klepper
Berlin-Nikolassee
Teutonenstr. 23

Liebe Hanni · lieber Jochen · Liebe Reni!

Wir können eure heutige Nachricht noch garnicht fassen! Ist das Wirklichkeit? Der Rektor sagte uns gerade gestern, Ekdegren hätte ihn noch ein paar mal angerufen, die Schwierigkeiten der schwedischen Behörden bestünden nicht mehr – mit Ausnahme des einen früheren Widerstandes, der weiterhin aufrechterhalten würde! Nun scheint auch er ein Geschmolzener zu sein. Ich überlegte, ob ich euch es mit Hoffnung wenn das Herz schwer werden sollte! Nun bin ich den Gedanken enthoben! Ach, möchte weiter alles guten Gang gehen! Ich schicke euren Brief an Brigitte weiter. Der vom 17. XI. enthielt 2 Bogen, oder war nicht sogar ein dritter für

In einer Glückseligkeit ohnegleichen grüßt für euch ein fünffaches [illegible] „Herzlichst willkommen" für Renate aus hoffendem [illegible]!

Abb. 72: Eva-Juliane Meschkes letzter Brief nach Berlin, geschrieben am Todestag der Familie („Herzliches Willkommen für Renate…")

gruß für euch ein fünffaches warmes ‚Herzlich Willkommen' an Renate aus hoffendem Herzen!"

Das Willkommenswort der Freunde in Schweden sollte kein Echo mehr finden. Am Nachmittag des gleichen 10. Dezember 1942 entscheidet Adolf Eichmann den Ausreiseantrag für Renate Stein negativ. Von den zweiundsiebzig Blättern des letzten Tagebuches bleiben sechsundsechzig leer.

Unter den nachgelassenen Manuskripten Jochen Kleppers befindet sich auch die ursprüngliche Fassung der Schlußstrophe zum „Neujahrslied"; es sind Verse, die wie ein vorweggenommenes Gebet der drei Sterbenden klingen:

> *Der du allein der Ewge heißt*
> *und Anfang, Ziel und Mitte weißt*
> *im Fluge unsrer Zeiten:*
> *Laß – sind die Tage auch verkürzt,*
> *wie wenn ein Stein in Tiefen stürzt –*
> *uns dir nur nicht entgleiten!*

NOCH EINMAL:
WER IST JOCHEN KLEPPER?

Nach Jochen Klepper fragen, das bedeutet auch: auf die Stimmen derer zu hören, die ihm begegnet sind – derer, die ihm nachzugehen, ihn zu verstehen suchten – derer, die sich über ihn geäußert haben. Ihre Stimmen sind nicht sehr zahlreich, aber in ihnen spiegelt sich das ganze dissonante Spektrum möglicher Antworten. Wie könnte man auch Einstimmigkeit erwarten, wenn es um die Gestalt dieses Menschen geht? Um den Mann einer jüdischen Frau, der dem nationalsozialistischen Staat als Soldat zur Verfügung steht; um den Dichter gottesdienstlicher Lieder, der Selbstmord begeht; um den, der als Betroffener minutiös beobachtet, wie sich das Netz um die Juden und ihre Angehörigen in Deutschland zuzieht, und doch (als es noch möglich ist!) nicht daran denkt, legal oder illegal mit den Seinen zu emigrieren …

Drei Stimmen über Jochen Klepper mögen exemplarisch das Feld abstecken:

1.

Jedes Land hat sein Getier, aber Schafe gibt es wirklich nur in Deutschland. Auch in der Schweiz kennen wir das Schaf nicht. Bei uns herrscht das Kamel vor …

Aber ein solcher Einfaltspinsel ist kein einziges dieser Kamele, daß es sein Gewehr ergriffe im Dienste eines Staates, der ihm vorschriebe, welche Sorte Frau es heiraten darf. Sondern dieses Gewehr würde es gegen diesen Staat richten.

Und sollte auch eins dieser Kamele, von einem solchen Staat geplagt, sich schließlich das Leben nehmen müssen, dann bestimmt nicht, ohne vorher einige Beamte dieses Staates als seine Gepäckträger auf den Weg ins Jenseits vorausgeschickt zu haben. Denn wenn schon Mord, dann richtiger.

Jochen Klepper hingegen sah im Nazistaat die von Gott eingesetzte Obrigkeit, gegen die aufzumucken ihm der gleiche deutsche Gott verbot. Wir stehen vor einer Schicksalsergebenheit, die weit schlimmer ist als die vom dialektischen Materialismus geschaffene ... Dieser Fall gereicht der evangelischen deutschen Kirche nicht zur Zierde. Der Fall Jochen Klepper ruht als ein Makel auf ihr, von dem sie sich reinzuwaschen hat, will sie sich bei uns im Ausland nicht dem Vorwurf aussetzen, daß sie einem deutschen Gott dient, der nicht der Gott der Christen ist ...[1]

(R. J. Humm)

2.

Jochen Klepper – er gesteht es wiederholt in den Tagebüchern – hatte wie Tausende die Möglichkeit, einen Staat zu verlassen, der seit 1933 die elementarsten Rechte mit Füßen trat und seiner „nicht rein arischen Familie" eine normale Existenzmöglichkeit absprach. Er, der mehr und besser als viele andere über den Ernst der Lage unterrichtet war, hat sich dennoch ins Schweigen und Dulden geschickt. Er hat sich immer wieder „angepaßt", bis kein Anpassen mehr möglich war.

Mancher hat sich bemüßigt gefühlt, nachträglich von Kleppers Selbstmord als von Sünde zu sprechen. Sünde war und ist das Eintrichtern ... einer Ideologie der „gottgewollten Bindungen", die den Geist der Urteilskraft beraubt. Sünde war und ist eine Lehre, die durch blindes Vertrauen auf Gottes Fügung und Führung den Menschen in resignierte Duldsamkeit drängt, ihm den Weg zur verantwortungsvollen Tat versperrt.

Was Dietrich Bonhoeffer im Gefängnis vor seinem Tod im Konzentrationslager erkannte, hat Jochen Klepper wie die meisten Zeitgenossen nicht erfahren: daß hinter dem Blendwerk des Irrglaubens, der Vorurteile, des Klassen- und Rassendünkels die „mündige Welt" existiert, die Welt derjenigen, die für Gleichberechtigung und freie Entfaltung aller Menschen ohne Unterschied des Glaubens, der Nationalität, der Hautfarbe leben und kämpfen.[2]

(R. Thalmann)

3.

Die innere Geborgenheit, die das „Kyrie" in einer Zeit wachsender Bedrohung seinen Lesern gab, war Jochen Klepper nicht in den Schoß gefallen. Sie rührte nicht von einer spontanen, naiven Frömmigkeit her. Hier war es ihm gelungen, die Schmerzen verwandelnd zu gestalten, die er um die eigene Ehe trug, um die gefährdeten Seinen, um die Menschen seiner näheren und ferneren Umgebung, um das Schicksal der Tausende und Abertausende von Beleidigten und Erniedrigten. Angesichts ihrer Verlorenheit sah er keinen anderen Sinn mehr, als sich ihrem Leid zuzuordnen. Leben und Werk schlossen sich existentiell zusammen, als er dieses jenem zum Opfer brachte. Immer schwerer rang er die Arbeit dem gequälten Herzen ab. Wenn von dem geplanten Roman über Luthers Ehe „Das ewige Haus" nach umfassenden Vorarbeiten nur noch die ersten fünfzig Seiten zu Papier kamen, so wissen wir, daß seine Zeit im Dienste der Seinen stand und seine Kräfte sich in den Versuchen für ihre Rettung erschöpften.[3] ... die Sorge um die Seinen ließ seine künstlerischen Energien versiegen und wuchs über den ihm so teuren Auftrag hinaus. Indem er sein Werk hingab, entschied er sich für das Opfer, durch das sich die Liebe als das Größte auf Erden bezeugt. Person und Werk wurden eins unter ihrem Zeichen.[4]

(E.-J. Meschke)

Wer hat recht? Der politisch engagierte Schriftsteller aus der Schweiz, dem der Zorn über das Furchtbare die Feder führt? Oder die heute in Frankreich lehrende Tochter jüdischer Emigranten, Autorin von Veröffentlichungen zur Zeitgeschichte und Verfasserin der ersten Biographie über Jochen Klepper? Oder die über Jahre hinweg den Kleppers freundschaftlich verbundene Christin jüdischer Herkunft, die mit ihrem Mann und den Kindern Deutschland verließ, weil in der damaligen evangelischen Kirche kein Raum für sie war? Drei Bilder des Menschen, des Christen, des Schriftstellers Jochen Klepper: Das Bild des verblendeten, im Irrtum befangenen Zeitgenossen – das Bild des tragisch Verstrickten, der sich zu keiner Tat aufzuraffen vermag (weil man es ihn nicht gelehrt hat, oder weil ihm ein fragwürdiger Glaube den Blick verstellt) – das Bild des wissentlich Unterliegenden, der als Einzelner das eigene Leid und das der anderen verarbeitet, redend zunächst, dann aber in schweigender Solidarität mit den Ohnmächtigen ...

Um es vorweg zu sagen: Wenn jemand die Frage nach der „Wirklichkeit" lebendigen Menschseins – vollends aber nach Menschenschicksalen der Vergangenheit – stellt, so muß er wissen, daß Antworten *nur* in Bildern denkbar sind. Und vielleicht haben wir nirgends so wie hier auf das Wort Nietzsches zu hören, daß Wahrhaftigkeit durchaus noch kein Argument für die Wahrheit sei. Trotzdem kann, wer einmal zu fragen begonnen hat, dem Dialog nicht mehr ausweichen – es sei denn zu seinem eigenen Schaden. Das gilt in einem besonderen Sinne für unser Fragen: denn Jochen Klepper ist uns noch zu nahe; die Wirkungsgeschichte, aus der das Deutschland der Jahre nach 1933 hervorging, ist noch zu mächtig; die Folgen sind noch zu bedrängend. Wir können zwar die Augen schließen, aber wenn wir nicht stehenbleiben wollen, wird mit den vielen Kreuzen und Gräbern jener Zeit allemal auch das Holzkreuz vom Friedhof Nikolassee an unserem Weg auftauchen und unsere Antwort herausfordern. Die Frage, die wir zu stellen meinten, wird zur Frage an uns selbst.

Auch Rudolf Jakob Humm stellt Fragen – wenngleich in der Form von Urteilen. Was er sagt (es gibt, wie wir sahen, auch ganz andere schweizerische Stimmen), will zunächst wie ein ehrfurchtsloser Verstoß gegen die Regel vom Reden über die Toten erscheinen: De mortuis nil nisi bene[5]. Aber wäre das Schweigen über die Sünde von gestern nicht zugleich das Alibi für die von heute und morgen? Darf Pietät bestimmend sein, wo es um das Gewinnen von Einsichten, um Lernen und also um Verhaltensänderungen geht? Theologisch gesprochen: um Umkehr? Und doch gilt zugleich ein anderes. Wer Urteile fällt wie Humm über Jochen Klepper, der kann sich kaum der Frage entziehen, wie er selbst in ähnlichen Situationen handeln würde. Und vielleicht ist es gut, sich noch einmal an Martin Buber zu erinnern; sein „der Schwäche des Menschen kundiges Herz" konnte den nicht verdammen, der „es nicht über sich brachte, Märtyrer zu werden"[6]. Ein Freibrief für Egoismus und Opportunismus? Nein. Wohl aber: ein Lehrstück in Sachen Nüchternheit und Menschlichkeit. Denn wer würde im Blick auf sich (oder den ihm nächststehenden Menschen) die Hand dafür in Feuer legen, daß er im Ernstfall nicht doch Kapo oder Aufseher in einem Konzentrationslager sein könnte? Diese Frage entbindet nicht von der Notwendigkeit, Stellung zu nehmen – aber sie kann zum genaueren Hinsehen anleiten.

Rita Thalmann sieht genauer hin. Sie versucht Jochen Klepper zu verstehen, indem sie ihn auf doppelte Weise einordnet. Zum einen in Verhaltensstrukturen, wie sie sich aus dem ergeben, was uns während der Kindheit und Jugend prägt; zum anderen in die historische Situation, die jeden Zeitgenossen herausfordert, weil politisches Geschehen allemal auch das Werk von Menschen ist. Das so bei ihr entstehende Bild Kleppers ist ein eigentümlich dialektisches. Die moralischen Urteile über ihn gehen entweder ins Leere, erscheinen sinnlos (denn der „falsch" Erzogene kann letztlich nicht bei seiner Verantwortung behaftet werden), oder aber sie geraten zum vernichtenden Gesetz gegenüber einem (verfehlten) Lebensentwurf. Folgerichtig muß auch das zugrundeliegende Selbstverständnis der Kritik verfallen: „Sünde ist eine Lehre, die durch blindes Vertrauen auf Gottes Fügung und Führung … den Weg zur verantwortungsvollen Tat versperrt."

Man darf mit Recht fragen, ob das, was Rita Thalmann als den Glauben Kleppers beschreibt, christlicher Glaube wäre. Aber man darf (nein: muß) mit dem gleichen Recht fragen, ob Kleppers Glaube – wie er sich in den Tagebüchern, im „Vater" und in den Liedern äußert – überhaupt auf diesen Nenner der resignierenden Duldsamkeit und „geraubter Urteilskraft" zu bringen ist. Vom Glauben zu reden, der im lebendigen Wort Gottes gründet, schließt ein, auch von der Situation zu reden, in der diejenigen stehen, die das Wort Gottes vernehmen. Und zu dieser Situation gehören nicht nur die gesellschaftlichen Rahmenbedingungen, die politischen Zwänge oder Freiräume, die uns umgeben; zu ihr gehört auch unsere Person mit ihrer „Natur" und ihrer Geschichte, unsere physische oder psychische Beschaffenheit und unsere Prägung durch Eltern, Lehrer und Zeitgenossen; zu dieser Situation gehört aber vor allem die Beziehung zwischen Person und Gesellschaft, das Wechselspiel zwischen den konkreten Menschen und der Welt, in der sie leben. Glaube hat es weder nur mit einer Konstellation gesellschaftlicher Faktoren noch allein mit dem Einzelnen in seiner jeweiligen Bedingtheit zu tun; weder ein bestimmter Mensch oder Menschentypus ist in seinem ‚Christ-Sein' einigermaßen eindeutig zu beschreiben noch ‚das' Christ-Sein unter bestimmten historischen Bedingungen. Darum gewinnt Glaube – als Hören und Leben – immer wieder neu Gestalt: in denen, die dem Rad der Geschichte in die Speichen greifen, wie auch in denen, die unter seinen Felgen verbluten, im Leben des Einsamen wie auch im gemeinschaftsbezogenen Leben, für den Gesunden und Kraftvollen wie auch für den Kranken oder hochgradig Empfindsamen – und das unter den verschiedenen Bedingungen immer wieder anders. Und es ist gewiß nicht ausgemacht, ob der Glaube allemal die Klammer sein kann, die das Individuelle und das Überindividuelle verbindet oder auch nur zusammenhält.

Jochen Klepper war der Mensch, dem gerade dies nicht vergönnt gewesen ist: Er wollte ganz Christ *und* ganz Deutscher sein, denn zu einem bestimmten Volk zu gehören und in einer bestimmten kulturellen Tradition zu leben und zu schaffen, lag für ihn nicht außerhalb des Glaubens – aber war die Verbindung beider Elemente noch möglich, wenn Deutsch-Sein gleichzeitig Teilhabe am Nationalsozialismus bedeutete? Klepper hatte eine Ehe geschlossen, von der er keinen Augenblick bezweifelte, daß sie ihm von Gott geschenkt und zugemutet worden war, und zugleich verstand er sich als Schriftsteller im „Pfarrhaus", als mit der Feder „taufend" und „Buße predigend", weil Gott ihm „vor der Seele" stand, „wie ein Mann, der mit seinem Freunde redet" – aber wie sollte er dem Doppelauftrag gerecht werden, wenn das eine nur mehr um den Preis des anderen möglich sein würde? Er war sensibel für das Schöne, er wußte um die Anrede Gottes, die uns in der Begegnung mit dem Schönen widerfahren kann, er vernahm den Anspruch der Wahrheit, die im Schönen und Geordneten laut wird und das Tun des Guten fordert – aber wie sollte beides noch in einem Atemzug gelebt werden können, das Ästhetische *und* das Ethische, wenn die Hoffnung erlischt, weil das Herz in der „elementaren Erfahrung" des Unrechts mit dem „Ende aller Dinge" konfrontiert wird? Klepper war in seiner tiefen Verbundenheit mit dem Preußischen – wie er es begriff – ein Mann der Form, der Loyalität gegenüber den Ordnungen, der Rechtschaffenheit[7] – aber wie sollte sich das noch verbinden lassen mit der Verantwortung für die Ehepartnerin und deren Tochter, wenn der Liebe nur noch durch Umgehen der Gesetze Raum geschaffen werden konnte?[8] Dies alles nahm Klepper wahr. Und es gab Augenblicke, in denen er die Augen schließen mußte, weil sie unter dem Wechsel von Licht und Dunkelheit ermüdeten. Es gab Augenblicke, in denen er die Gratwanderung nicht durchzuhalten meinte, weil es leichter schien, den Pfad auf der einen oder der anderen Seite zu suchen. Es gab Augenblicke, in denen sich sein Herz verkrampfte, weil es von den Spannungen zerrissen zu werden drohte. Aber gerade auf dem Hintergrund dieser Erfahrungen bekommt Kleppers Glaube seine erste, tief-existentielle Bedeutung für das Aushalten *in* den Spannungen und Auswegslosigkeiten. *Ohne Gott bin ich ein Fisch am Strand …* Mit IHM aber, unter dem Anruf dessen, der unsern „Namen" kennt, soll auch dieses Leben der Widersprüche lebbar werden.

Doch der Glaube Jochen Kleppers hat gleichsam noch eine zweite Dimension. Sie kommt ins Blickfeld, wo auch die im Glauben gewonnenen Kräfte nicht hinreichen, um das Begegnende durchzustehen: dort, wo Resignation (im strengen Sinne des Wortes, nämlich als Zurückziehen der Unterschrift unter dem eigenen Leben) droht. Sie kommt in den Blick, wo der Glaube als Gehorsam zerbricht – wo der Glaubende sich als ungehorsam, dem Willen Gottes ausweichend, als Sünder erkennt. Kleppers Bemerkung, er *kenne keinen Christen in der Heiligung*, ist Ausdruck ureigensten Erlebens: Er selbst weiß, was Kleinglaube oder Unglaube, Glaube ohne Frucht ist, und er weiß auch, daß in eben dieser Situation das eigene Herz zum schärfsten Ankläger wird[9]. Hier nun erweist sich aber, worum es im Glauben eigentlich geht. Das Wort, das in der Sprache des Neuen Testaments für „Glauben" steht, bedeutet zugleich „Treue" (Gottes), und diese Treue gilt auch dort, wo unser Glaube, unsere Treue am Ende ist. *Gott ist größer als unser Herz* (1 Joh 3,20), schreibt Klepper zwei Tage vor dem Selbstmord ins Tagebuch, und: *Das Wort soll uns noch in den Tod begleiten.* Wo das eigene Leben nur mehr Leiden ist, Leiden an den unlösbaren Konflikten und an der Kraftlosigkeit des Tuns, Leiden auch an der Ohnmacht des Glaubens, da kann sich das ereignen, was das Neue Testament Rechtfertigung, Wiederherstellung, Neuanfang „aus Gnaden" nennt. Und diese Rechtfertigung geschieht „mitten im Leben", wie Dietrich Bonhoeffer es sich wünscht, weil beides mitten im Leben seinen Platz hat: das Tun *und* das Leiden, das verantwortliche Handeln *und* das geduldige Ertragen. Bonhoeffer hat es im Gefängnis, also in der Lage, in der ihm selbst das Handeln versagt war, so ausgedrückt: „Nicht nur die Tat, sondern auch das Leiden ist ein Weg zur Freiheit. Die Befreiung liegt im Leiden darin, daß man seine Sache ganz aus den eigenen Händen geben und in die Hände Gottes legen darf"[10].

Diese Freiheit aber hat eine notwendige Voraussetzung. Es ist die Gewißheit, *daß diese Zeit nur gelebt werden kann wie eine „Endzeit"*[11]; es ist das Vertrauen auf die Nähe des „Letzten", also Gottes, auch noch in der Erfahrung scheinbarer Gottferne oder sogar Gottlosigkeit. Darum hängt so viel (nein: alles) davon ab, ob sich diese Gewißheit in unserem Leben entfalten kann, und darum allein gibt es wohl auch so etwas wie ein Suchen Gottes durch den Menschen. Die zweite Fassung des Gedichtes „Der heilige Sebastian"[12] spiegelt solches Suchen und Fragen nach dem, der alles – also auch unser Leiden – umfängt:

> *Sebastian ist der Heilige der Dichter,*
> *der – wie der Leuchter Zions sieben Lichter –*
> *an seinem Körper tiefe Pfeile trägt*
>
> *und, obgleich ganz erfüllt von seinen Wunden,*
> *dem Peiniger zutiefst und still verbunden,*
> *die Macht sucht, die bestimmt, daß er ihn schlägt.*

Wer war, wer ist Jochen Klepper? Ist er mehr als nur ein tragischer „Fall"? Kann er „Beispiel" sein? Denjenigen, die *nach* ihm leben, also auch uns? Im vordergründigen Sinne wohl nicht – weder für das, was zu tun ist, noch für das, was nicht zu tun ist. Das Leben Jochen Kleppers ist zunächst das unverwechselbar-einmalige Leben eines Menschen im Spannungsfeld zwischen Hoffnung und geschichtlicher Wirklichkeit, zwischen Forderungen des Gewissens und Ohnmacht des Herzens, zwischen Selbstanklage und Zuspruch des Glaubens.

GOTT IST GRÖSSER
ALS UNSER HERZ
1.JOH. 3,20

ALS OPFER DES RASSENWAHNS
GINGEN GEMEINSAM IN DEN TOD
DER DICHTER
JOCHEN KLEPPER
UND DIE SEINEN
AM 11. DEZ 1942

VERGIB UNS UNSERE SCHULD

IN BRÜDERLICHER VERBUNDENHEIT ERRICHTET
VON DEN EVANGELISCHEN GEMEINDEN DES
KIRCHENKREISES ZEHLENDORF — 1961 —

Abb. 73: Gedenkstein in Berlin-Nikolassee

Aber dieses unverwechselbare Leben und das dichterische Werk, das mit ihm verbunden ist, weist in eben seiner Einmaligkeit über sich hinaus. Es weist hin auf den, der allein uns zu tragen vermag, wo unsere „Schwinge ruht". Heinrich von Kleist stellte über seinen Weggang aus der Welt den bitteren Satz: „Die Wahrheit ist, daß mir auf Erden nicht zu helfen war." Man kann dieses Wort, liest man es in Beziehung auf Jochen Klepper, auch als theologische Aussage verstehen[13]: als Zeugnis des Vertrauens auf den, der mit seinem „letzten Wort" alles „Vor-Letzte" außer Kraft setzt, als Zeugnis eines Vertrauens, das im Zerbrechen des Vor-Letzten schon den Vorschein des Letzten[14], den Advent des lebendigen Herrn wahrnimmt.

Das Leben Kleppers weist aber zugleich noch auf eine andere Gestalt des kommenden Gottes hin. Als Bild des in Ohnmacht und Zweifel, in Selbstvorwurf und Hoffnungslosigkeit Verstrickten ist es zugleich das Bild dessen, der selbst arm und ohnmächtig in die Welt kam: das Bild des „geringsten Bruders", in dem uns Gott, der Schöpfer und Richter, auf verborgene Weise anredet und ansieht. Wer unter den damaligen Zeitgenossen vernahm diese Stimme Christi im Leid der unschuldig Verfolgten? Wer erkannte seinen Blick in den erschreckten Gesichtern der Juden und ihrer Angehörigen? Wer erkennt sie heute? Und in wessen Antlitz? Jochen Klepper selbst hat die Stimme gehört und die Augen erkannt. Und er tat, was seine Kräfte ihm erlaubten. Das Leben hinzugeben für die Leidenden (damit sie gerettet würden), war nicht möglich. So tat er das Einzige, was noch blieb: „Er nahm seine Frau und die jüngste Tochter an der Hand und eilte zu Gott, ehe er sie gerufen hatte. Das war ein Akt des Glaubens: schütze, die ich nicht mehr schützen kann!"[15]

Dieser „Akt des Glaubens", wie Reinhold Schneider den Selbstmord des Freundes und seiner Angehörigen nennt, steht im Zwielicht: im Zwielicht einer Welt, die nach Gottes Willen nicht bleiben soll, wie sie ist. Das wußte niemand besser als Klepper selbst[16]. Das Gebet des Vaters in der Geschichte vom fallsüchtigen Knaben (Mk 9) – „Ich glaube; hilf meinem Unglauben!" – ist ja das unausgesprochene Herzstück von Kleppers Leben und Denken. Aber weil er von diesem Zwielicht wußte, darum wußte er auch von der tiefen Solidarität in

Schuld und Vergebung, die letztlich sogar die Verfolgten und ihre Verfolger, die Leidenden und die Leidensbringer umschließt. Was die zweite Strophe des Gedichtes auf den heiligen Sebastian ausspricht, rührt an das Geheimnis der „törichten Predigt" (1 Kor 1,21) – an das Geheimnis der Liebe, die noch vom Kreuz herab für die Hassenden bittet, an die Liebe, die dem Nach*denken* verschlossen bleibt, aber in der Nach*folge* erkannt und erfahren wird.

Jochen Klepper war nicht der Prophet, der auf dem Markt und im Tempel seine Botschaft verkündet. Aber was dieser „Stille im Lande" in aller Vorläufigkeit und Unvollkommenheit gesagt hat, wurde und wird immer wieder zum Trost für andere – am stärksten dort, wo die Hörenden spüren, daß aus diesem Menschen ein Stück gelebten Glaubens spricht:

Ich weiß, daß auch der Tag, der kommt,
mir deine Nähe kündet
und daß sich alles, was mir frommt,
in deinem Ratschluß findet.

Sind nun die dunklen Stunden da,
soll hell vor mir erstehen,
was du, als ich den Weg nicht sah,
zu meinem Heil ersehen.

Du hast die Lider mir berührt.
Ich schlafe ohne Sorgen.
Der mich in diese Nacht geführt,
der leitet mich auch morgen.[17]

Jochen Klepper

ANMERKUNGEN

Beim Nachweis der Zitate wird der Titel „Unter dem Schatten deiner Flügel. Aus den Tagebüchern 1932–1942" mit dem Kürzel *Tgb* wiedergegeben; *Kriegstagebuch* steht für den Titel „Überwindung. Tagebücher und Aufzeichnungen aus dem Kriege"; *BW* verweist auf den von Riemschneider herausgegebenen „Briefwechsel 1925–1942".

NACH JOCHEN KLEPPER FRAGEN – HEUTE?

1) Vgl. hierzu Alfred Rosenberg: Der Mythus des 20. Jahrhunderts (1930), 21–23 (wiedergegeben bei Schuster/Ringshausen/Tebbe: Quellenbuch zur Kirchengeschichte III, 1964, 97f)
2) Adolf Hitler am 23. 11. 1937 in seiner Rede vor dem politischen Führernachwuchs in Sonthofen (abgedruckt bei Jacobsen/Jochmann: Zur Geschichte des Nationalsozialismus, Bielefeld 1961)
3) François Bondy: Der Teufel ist mir lieb. Ein Gespräch mit dem Philosophen Leszek Kolakowski, in: DIE ZEIT 42/1973, 18
4) Karin Bornkamm: Das Gewicht der Kirchengeschichte, in EvErz 1976. 189-202 (Zitat 201)
5) Vgl. im Kriegstagebuch die Eintragungen vom 15. 7., 31. 8. oder 5. 9. 41
6) Rita Thalmann: Jochen Klepper. Ein Leben zwischen Idyllen und Katastrophen (München 1977)

DER ÄUSSERE WEG

1) Tgb 431
2) Tgb 423
3) Tgb 937
4) Vier im Nachlaß enthaltene Kapitel unter dem Titel „Hoffnungslosigkeit" (begonnen im August 1932), mit denen Klepper an tagebuchartige Aufzeichnungen aus den Jahren vor 1923 angeknüpft hat.
5) Zit. bei Ilse Jonas: Jochen Klepper, Dichter und Zeuge, 20
6) BW 19 und 21
7) BW 25
8) BW 30 und 31
9) Vgl. Thalmann 47
10) Tgb 62f
11) Tgb 734. Vgl. auch unten das Kapitel „Ehe und Familie"
12) Tgb 20. Es handelte sich um den Maler und Graphiker Erhard Klepper († 1980). Der Bildzyklus „Die Trauergesellschaft – ein Maskenzug des Lebens" (Boppard o.J.), Ausstellungen in Deutschland und in der Schweiz sowie Publikationen zur Geschichte der Mode (1961, 1963 und 1971) machten ihn auch einer größeren Öffentlichkeit bekannt.
13) Tgb 23
14) Tgb 33 (Eintragung vom 1. Januar 1933)
15) Ebd.

16) Tgb 65
17) Tgb 70
18) Tgb 103
19) Tgb 107
20) Tgb 123
21) Tgb 211
22) Vgl. Tgb 105f
23) Tgb 290 und 298
24) Tgb 382
25) Tgb 419
26) Tgb 439
27) Tgb 467
28) E.G. Riemschneider: Der Fall Klepper. Eine Dokumentation (=Fall), 50
29) Es war – Ironie des Schicksals – der damals 55jährige Lyriker Alfred Richard Meyer, der schon 1932 beim Funk mit Klepper bekanntgeworden war und nun offensichtlich versuchte, seine Loyalität gegenüber dem Regime zu bezeugen. Vgl. hierzu die Tagebucheintragung vom 12. 1. 1938, sowie das „Gutachten" Meyers vom 18. 11. 1937 (Fall 53).
30) Dr. Koch, ehemals Studienassessor in Hessen (vgl. Tgb 577f und Fall 83f), kam im Herbst 1936 ans „Ministerium für Volksaufklärung und Propaganda", wo er später für die Überprüfung von Veröffentlichungen zuständig war.
31) Tgb 578
32) Tgb 555
33) Tgb 575
34) Tgb 571
35) Tgb 590
36) Tgb 699 und 701
37) Tgb 917f
38) Tgb 791
39) Kriegstagebuch 209
40) AaO 212
41) Vgl. die Wiedergabe S. 145 in diesem Buch
42) Brief an W. Tappolet v. 8. 1. 1942, mit dem Klepper die Freunde in der Schweiz Renate zu adoptieren bittet. Vgl. BW 189
43) Leserbrief für den „Züricher Kirchenboten", 1979
44) Tgb 1041; vgl. aber dazu 1154, Anm. 238
45) Tgb 1101

EHE UND FAMILIE

1) Léon Bloy: Briefe an seine Braut. Übersetzt und durch ein Kapitel „Ein Dokument der Liebe" eingeleitet von Karl Pfleger (F. H. Kerle Verlag, Heidelberg 1950), 56f
2) Brief v. 31. 3. 1931, BW 34
3) Tgb 913
4) Tgb 17f

5) Eva-Juliane Meschke in: J. Klepper, Gast und Fremdling. Briefe an Freunde (= Gast), 14
6) Tgb 189 und 38
7) Tgb 78f; vgl. auch 229 (Eintragung vom 6. 1. 1935)
8) Tgb 815
9) Hanni und Renate erhielten vom 6. Dezember 1939 an keine Kleiderkarten mehr; eine Woche später folgten Einschränkungen in der Lebensmittelbewilligung. *Wegfall von seltenen Lebensmitteln wie Reis; Kürzung der Butter- und Fleischration; keine Sonderzuteilungen wie Schokolade, Pfefferkuchen ...*, notiert Klepper am 12. 12. 1939 im Tagebuch.
10) Fall 108
11) Tgb 31
12) Tgb 70
13) Tgb 382
14) Tgb 817
15) Vgl. Tgb 690, 728, 819 u.ö.
16) Tgb 610
17) Tgb 817
18) Sinngemäß nach einem Satz aus Luthers Pfingstpredigt 1523 (vgl. WA 12, 576, 29): „... und er (Gott) reißt die Person vom Übel, nicht das Übel von der Person".
19) Tgb 635
20) Tgb 662
21) Kriegstagebuch 144
22) Ebd.
23) BW 53, Brief an Rudolf Hermann v. 15. 6. 1940; vgl. auch Tgb 809
24) Thalmann 309 und 291
25) Kriegstagebuch 41, 43, 44, 55 (vgl. auch 46, Eintragung vom 12. Juni 1941)
26) Vgl. aaO 98 und 143
27) AaO 108
28) Tgb 956
29) So E.-J. Meschke in einem Brief (Gast 60)
30) Tgb 836
31) Tgb 1003f

DEUTSCHES SCHICKSAL ZWISCHEN HAKENKREUZ UND DAVIDSTERN

1) Vgl. hierzu die sorgfältige Besprechung des Thalmann'schen Buches durch Hans Jürgen Baden (Die Tragödie Jochen Kleppers, in: Stimmen der Zeit 1978, 276ff)
2) Tgb 162
3) Tgb 93
4) Tgb 63
5) Tgb 105
6) Vgl. R. Thalmann, aaO 23–30

7) BW 35. Der Ortsname wird im veröffentlichten Brief fälschlich mit „Le Macrillon" wiedergegeben.

8) Tgb 906

9) Tgb 367

10) Ziel der Zeit, 38

11) BW 74

12) Tgb 75

13) Vgl. Tgb 490ff

14) Nachspiel 23f

15) So überschrieben bei Vorlage in der Reichsschrifttumskammer (vgl. Fall 52); in der Sammlung „Kyrie" trägt es den Titel „Am letzten Sonntag des Kirchenjahres".

16) Tgb 193

17) Tgb 194

18) Tgb 474 und 239

19) Tgb 893

20) Tgb 789

21) D. Bonhoeffer: Ethik, zusammengestellt und herausgegeben von E. Bethge, München (7. Aufl.) 1966, 69

22) Vgl. das „Bußtagslied" in: Kyrie 58f

23) Ziel der Zeit, 34

24) Tgb 100

25) Tgb 129

26) Tgb 914

27) Tgb 560f

28) Tgb 716

29) BW 37

30) Tgb 45

31) Kriegstagebuch 213; vgl. auch 208

32) Nach zehn Jahren, in: Widerstand und Ergebung, München (9. Aufl.) 1959 (=WE), 17

33) Tgb 802

34) Tgb 965f

35) Tgb 682

36) Zitiert bei Marion Gräfin Dönhoff: Eine deutsche Geschichtsstunde, in: DIE ZEIT vom 2. Februar 1979

37) Kriegstagebuch 198

38) Tgb 19f

39) Tgb 39 und 41

40) Einer der ersten Märtyrer der katholischen Christenheit in Deutschland war Erich Klausener (ermordet am 30. 6. 1934), der noch den Katholikentag 1934 ausgerichtet und öffentlich Kritik an der nationalsozialistischen Politik geübt hatte.

41) Tgb 196

42) Tgb 385

43) Tgb 456

44) Tgb 694

45) Tgb 696

46) Tgb 360; vgl. auch die prophetisch anmutende Bemerkung über die Olympischen Spiele im Tagebucheintrag vom 17. 8. 1936 (Tgb 372)

47) Tgb 970

48) Gast 149 (Brief an Kurt und Eva-Juliane Meschke)

49) Tgb 314

50) Tgb 115

51) Ziel der Zeit, 40 (Der König II)

52) Vgl. dazu die Information des Reichsaußenministers v. Neurath vom 17. 1. 1935 oder die Denkschrift Hitlers über die Aufgaben eines Vierjahresplans vom August 1936 (beide Dokumente bei Jacobsen/Jochmann, aaO).

53) Während die katholischen Bischöfe Schottlands in ihrer Osterbotschaft 1982 die Anwendung von Kernwaffen ebenso entschieden verurteilten wie das Drohen mit ihrer Anwendung, warnte der außenpolitische Sprecher der deutschen Opposition vor dem „gefährlichen" Vorschlag amerikanischer Politiker, „auf die Möglichkeit ... zum Ersteinsatz nuklearer Gefechtswaffen grundsätzlich zu verzichten ..." (Nach einem Bericht der Esslinger Zeitung Nr. 83/1982, S. 1). Offensichtlich hätte es Bonhoeffer mit seiner Einsicht von 1934 (!) auch heute noch schwer. „Wie wird Friede? ... durch allseitige friedliche Aufrüstung zum Zweck der Sicherstellung des Friedens? Nein ..., weil hier ... *Friede* und S*icherheit* verwechselt wird. Es gibt keinen Weg zum Frieden auf dem Weg der Sicherheit. Denn Friede muß gewagt werden ... Sicherheiten fordern heißt Mißtrauen haben, und dieses Mißtrauen gebiert wiederum Krieg." (Ges. Schriften I, hrsg. v. E. Bethge 1965, 218)

54) Vgl. den Abschnitt über das „Mitleiden" in Bonhoeffers Essay „Nach zehn Jahren", WE 26f

55) Vgl. Tgb 1099

56) Ziel der Zeit, 42 (aus: Der König IV)

57) So Ernst Feil in „Christ in der Gegenwart" 13/1978 unter der Überschrift „Ausweg nach Innen? Gedanken zu Jochen Kleppers 75. Geburtstag"

„GLAUBST DU AUCH NICHT ..."

1) Klepper setzt im „Kyrie" über sein Weihnachtslied dieses Lutherwort: „Sieh nicht an, was du bist, sondern sieh hier, was dir heut widerfährt: Sieh an den, der zu dir kommt; sieh nicht an, daß du ein armer Sünder bist." (Vgl. dazu die Tagebucheintragung vom 17. 12. 1937)

2) Tgb 27

3) Tgb 88

4) Tgb 44

5) Tgb 150

6) Tgb 31

7) Tgb 403

8) Tgb 415

9) WE 139

10) „Und vergib uns ..." (1937), in: Nachspiel 143

11) Tgb 288

12) Tgb 241

13) Tgb 512

14) Tgb 197

15) Tgb 301

16) Kirchliche Erneuerungsbewegung mit starker Betonung des Gottesdienstlichen, die auf jährliche Treffen in Angern bei Magdeburg (1923) und später im nördlich von Küstrin (jetzt Kostrzyn) gelegenen Berneuchen zurückgeht. 1931 schlossen sich 22 Männer aus diesem Kreis zur Evangelischen Michaelsbruderschaft zusammen, welche heute aus 18 Konventen mit etwa 350 Mitgliedern (in Deutschland, Frankreich, Österreich und der Schweiz) besteht.

17) Tgb 723. Gerade dieses Lied „Ich liege, Herr, in deiner Hut", das erstmalig in der Sammlung „Kyrie" veröffentlicht wurde, ist heute Gemeinbesitz der gesamten deutschsprachigen Christenheit; 1973 wurde es als Nr. 101 in die „Gemeinsamen Kirchenlieder" (hrsg. im Auftrag der christlichen Kirchen des deutschen Sprachbereichs von der Arbeitsgemeinschaft für ökumenisches Liedgut) aufgenommen. Vgl. dazu W. Tappolet: Ich liege, Herr, in deiner Hut, 1968.

18) BW 48. Vgl. hierzu auch G. v. Rad, Die Tagebücher Jochen Kleppers (in: EvTheol 17/1957, 241ff); v. R. schließt aus bestimmten Notizen im Tagebuch, „daß Klepper über die Bekennende Kirche gar nicht recht Bescheid gewußt" habe (aaO, 245), aber auch „manches Mißverstandene" müsse zu Kleppers Urteil beigetragen haben.

19) Vgl. auch den Brief an Meschkes vom 25. 2. 1940 (Gast 225). Daß damit die Bekenntnisproblematik für Klepper nicht einfach hinfällig wurde, zeigt die Tagebucheintragung vom 3. Sonntag im Advent 1934 (Tgb 218), wo er nach dem Hören einer „deutsch-christlichen" Predigt mit *einem Schlage* begreift, *daß es so etwas geben könnte wie die Salzburger Emigranten.*

20) BW 52 (Brief v. 11. 6. 1940)

21) Tgb 264

22) Vgl. auch die Eintragung vom 16. 5. 1937 (Tgb 453)

23) Tgb 319

24) Tgb 1018f. Klepper zitiert in dieser Eintragung vom 10. 1. 1942 einen Bericht aus dem „Evangelischen Deutschland" über die Aufhebung der kirchlichen Mitgliedschaft von ‚Judenchristen' in sieben evangelischen Landeskirchen. Vgl. auch Reinhold Schneiders Bemerkung, Klepper habe „die Enttäuschung nie verwunden, daß die Kirche als Kirche zu den Freveln am Tempel (sc. die Synagogenbrände) geschwiegen hat." (Verhüllter Tag, 5. Auflage Köln 1958, 155)

25) Vgl. hierzu Schneiders „Verhüllter Tag", sowie BW 63–157

26) Die erste Begegnung zwischen Jochen Klepper und Reinhold Schneider (wahrscheinlich kurz vor Ostern 1933 beim Rundfunk) hinterließ bei Klepper wohl noch keinen bleibenden Eindruck, bei Schneider aber zwiespälti-

ge Gefühle angesichts der „gewissen modernen Eleganz" Kleppers, die Schneider „mißfiel".

27) Fritz Francke: Jochen Klepper und Reinhold Schneider, ein ökumenischer Dialog, in: Sammlung – Dienst – Sendung (hrsg. vom Schweizerischen Diakonieverein, Rüschlikon ZH, und der Christentumsgesellschaft in Deutschland, Badenweiler), 2/1980, 8–15
28) Brief an Klepper vom 14. 11. 1935 (BW 71)
29) Brief an R. Schneider vom 12. 11. 1935 (BW 69f)
30) Verhüllter Tag, 114
31) Vgl. aaO 42. Leopold Ziegler deutet diese Reflexionen Schneiders in einem Brief vom November 1954 als Enthüllung der „Tragik allmenschlichen Geschehens und Geschickes, das im Raum des Kreuzes sich nicht sowohl ereignet, als vielmehr am Kreuze zerbricht und zerschellt." (Schneider/Ziegler: Briefwechsel, München 1960, 205)
32) R. Schneider: Winter in Wien, Freiburg 1959, 241
33) Gehalten am 10. 4. 1958 auf dem Friedhof in Baden-Baden, Text in: Winter in Wien, 285–292
34) Vgl. hierzu auch Schneiders Äußerung über die Gestalt Friedrich Wilhelms I. im „Vater" (in: Die Literatur, 1937, 400ff)
35) Tgb 484
36) Vgl. Tgb 463f. Kleppers „fristgerechter" Einspruch gegen den Ausschluß aus der Reichsschrifttumskammer bewirkte die „einstweilige" Aussetzung der Ausschlußverfügung „bis zur endgültigen Entscheidung durch den Herrn Präsidenten der Reichskulturkammer."
37) Vgl. Tgb 462 und 484
38) Tgb 42
39) Vgl. Tgb 446
40) Tgb 825
41) Vgl. Tgb 274 (9. 8. 1935): *Was in der Sprache des Glaubens tot sein ist, das weiß ich. Ich weiß aber nicht, was das ist: ‚die da aus den Toten lebendig sind'*.
42) Vgl. Tgb 417 (22. 1. 1937): *Das Immer-Sündigen-Müssen: versöhnt mit Gott ihm widerstreiten, heimkehrend zu Gott seine Wege meiden zu müssen. Zu müssen: der Satan ist das einzige Wort, das es annähernd beschreibt.* Mit diesen Sätzen kommentiert Klepper die Losung des Tages: „Allein die Anfechtung lehrt aufs Wort merken." (Jes 28, 19 in der Übersetzung Luthers)
43) Tgb 496 (8. 9. 1937); vgl. auch die Eintragung vom 29. 7. 1937
44) Tgb 501

AMT DES SCHRIFTSTELLERS

1) Tgb 103
2) Tgb 101
3) Tgb 100
4) Vgl. etwa Tgb 20, 266f u. ö. oder den Brief an E.-J. und K. Meschke vom 9. 7. 1935 (Gast 41f)
5) Tgb 20f
6) Tgb 280

7) J. Klepper: Pflicht zur Unzufriedenheit, in: Zeitwende 7 (1931), 374–377

8) Tgb 37

9) Tgb 52. Vgl. hierzu auch Kleppers Äußerungen über Ina Seidels „Lennacker", in: Nachspiel 76

10) Tgb 37

11) Tgb 419

12) Tgb 462f

13) Göttliches Wort und menschlicher Lobgesang (1939), in: Nachspiel 102ff (Zitat 114)

14) Vgl. aaO 106ff

15) AaO 113. Vgl. dazu auch Schneider, Verhüllter Tag, 112

16) Tgb 87

17) Tgb 301

18) Ziel der Zeit, 18

19) Bonhoeffer: Ethik 69

20) Tgb 344

21) Vgl. schon seinen Brief an R. Hermann vom 29. 8. 1929 (BW 33), wo er schreibt, es gehe ihm immer *nur um Menschen …, die sich erkennen, die erfahren, daß diese Selbsterkenntnis ein Von-Gott-erkannt-Werden ist, daß in diesem Vorgang Gott sich ihnen offenbart.*

22) Tgb 84; vgl. auch Nachspiel 104

23) Vgl. Nachspiel 97

24) Klepper, der diese Formel R. Schneiders zu seinem eigenen Programm macht, zitiert die Worte des Freundes ausdrücklich in einem Brief an diesen (BW 74). Vgl. auch die Verse, die Klepper im Mai 1936 unter dem Titel „Den Dichtern des Weltgedichtes" dem Freund und Begleiter Reinhold Schneider widmete:

   Lob sei den Wunden, die euch Gott geschlagen!
   Ins letzte Dunkel hat er euch geführt,
   nichts mehr zu zeigen als das Weltgericht.
   Auf Adlersflügeln hat er euch getragen,
   mit seiner Hand die Lippen angerührt,
   nichts mehr zu künden als das Weltgedicht,
   im tiefsten Leid das höchste Lob zu sagen.

25) Die Entstehung und die Grundlagen meiner drei Bücher über Friedrich Wilhelm I., in: Kriegstagebuch 231ff (Zitat 235)

26) Brief an K. Meschke vom 19. 8. 1937 (Gast 89): *Der Gott von Geldern ist für mich die einzige Lösung gewesen, Theologie in Epik umzuwandeln und in der Bildersprache zu bleiben.*

27) Zitat in BW 43

28) Klepper bezieht sich hier auf Rezensionen aus Anlaß des „Tages der Deutschen Kunst" in München und auf Schmähreden über die „entartete Kunst". Einen Tag später, am 20.7.1937, schreibt er ins Tagebuch: *Das Herz zog sich einem zusammen, als man die Namen mit dem Urteil las: „Dokumente des tiefsten Zerfalls unseres Volkes und seiner Kultur."*

29) „Göttliches Wort und menschlicher Lobgesang", in: Nachspiel 114. Vgl. hierzu im „Kyrie" S. 9, 12, 16, 26, 36, 39 u. ö.

30) Vgl. Tgb 687, 781 u. ö.

31) Nachspiel 104f

32) Vgl. hierzu die Entstehung des „Trostliedes am Abend" (Kyrie 19) und des „Trostliedes am Totensonntag" (Kyrie 63), wie sie das Tagebuch andeutet (Eintragungen vom 21. und 24. Juli 1939 bzw. vom 28. und 29. August 1940)

33) Tgb 544

34) Ein Jahr nach Erscheinen ist das „Kyrie" in 4200 Exemplaren verkauft, schreibt Klepper am 8. 10. 1939 an K. und E.-J. Meschke (Gast 210), und schon 1940 bereitet Klepper selbst die erweiterte Fassung einer dritten Auflage vor.

35) Kommentierender Text in: Gast 263f

36) Tgb 828

37) Gast 207f

38) Vgl. WE 257ff

39) Tgb 416

40) Nachspiel 86f und 88f

41) Vgl. im Tagebuch die Eintragung v. 13. 7. 1938 oder den Brief an R. Hermann v. 9. 7. 1940 (BW 54)

42) Brief v. 13. 5. 1938 (Gast 113). Vgl. auch die Tagebuchnotiz über Frick vom 23. 10. 1941

43) BW 45

44) Tgb 946; vgl. auch gelegentliche Äußerungen im Kriegstagebuch (so etwa 40f oder 42)

45) Vgl. Tgb 966 (15. und 16. 1941)

46) Tgb 1014

47) Tgb 1000

48) Tgb 1001

49) Nachspiel 131

ERNÜCHTERUNG DURCH DAS SCHÖNE

1) Brief an R. Hermann v. 29. 12. 1927 (BW 29)

2) Tgb 360

3) Tgb 552

4) Tgb 313

5) Vgl. hierzu vor allem die Tagebucheintragungen vom 11. 3. und vom 26. 4. 1933

6) BW 35. Der zitierte Text stammt aus einer Charakteristik der „Großen Direktrice", die Klepper 1931 für eine literarische Rundfrage abgab, erinnert aber stark an Bonhoeffers späte Gedanken über „Die letzten und die vorletzten Dinge" in seinem Ethik-Entwurf: Gerade dort, wo das Vorletzte seiner selbst als Vorletztes bewußt wird, eröffnet sich die Hoffnung auf das Letzte. „Um des Letzten willen muß vom Vorletzten geredet werden." (Ethik 133)

7) Tgb 107 (vgl. dazu auch die Eintragung vom 15. 5. 1934, Tgb 182)

8) Vgl. hierzu den wichtigen Aufsatz von H. Dembowski: Musik als Friedens-spiel. Theologische Aspekte der Musik (in: EvErz 5/1980, 341ff)

9) Tgb 348

10) Gast 85

11) Tgb 269

12) Vgl. den Brief v. 12. 7. 1933 (Gast 37)

13) Ursprüngliche Fassung; später in der zweiten (Zeile 4 und 5) und dritten Strophe (Zeile 3) geändert. Vgl. Ziel der Zeit, 13

14) Kyrie 67ff. Als Gemeindelied wurde es aufgenommen in das Evangelische Gesangbuch (vgl. dort Nr. 379) und in den Stammteil des katholischen Gesangbuches „Gotteslob" für den deutschen Sprachraum.

15) Tgb 250

16) Tgb 254

17) Tgb 248

18) Tgb 250

19) Die Stadt der Mitte, in: Nachspiel 35ff (Zitat 42)

20) AaO 43

21) AaO 44

22) Vgl. Jochen Kleppers Adventslied „Die Nacht ist vorgedrungen", Strophe 3

23) Die bunte Stadt im Schatten, in: Nachspiel 20ff (Zitat 23)

24) Tgb 182; vgl. hierzu auch das (wohl Ende der zwanziger Jahre entstandene) Gedicht „Wir", später überschrieben „Ecce homo", welches in Kleppers ursprünglich nicht zur Veröffentlichung vorgesehener Zusammenstellung („Meine *nicht* in der Sammlung ‚Kyrie' und dem Gedichtanhang des Pri-vat-Exemplars enthaltenen Gedichte 1919–1935") enthalten ist und nach dem Kriege in „Ziel der Zeit" (14) abgedruckt wurde:

> *Wir leben alle zwischen Nacht und Nacht.*
> *Und was am Tage einer weint und lacht,*
> *ist nur ein Zufall zwischen den Gesetzen …*
> *Wir wachen ängstlich zwischen Schoß und Grab.*
> *Ein Dunkel löst das andre Dunkel ab.*
> *Inmitten liegt ein wirres Spiel von Lichtern.*

25) Tgb 343

26) „Das Kirchenjahr" (Kyrie 21ff; Zitat 23)

27) „Der Herr ist nah" (Kyrie 64ff; letzte Strophe)

28) Tgb 316 (8. 12. 1935) und 314

29) Tgb 316f (9. 12. 1935)

30) S.o. Anm. 26

31) Tgb 728

32) Tgb 409

33) Tgb 952

34) Tgb 88

35) Tgb 1006

36) Tgb 1003

169

37) Tgb 981
38) Tgb 1004
39) Tgb 1000
40) Erlaß der DEK (K.K.III 1746/41 v. 22. 12. 1941), wiedergegeben bei E. Röhm/J. Thierfelder: Evangelische Kirche zwischen Kreuz und Hakenkreuz. Bilder und Texte einer Ausstellung, Stuttgart (Calwer Verlag) 1981
41) Tgb 1005f
42) Tgb 1003
43) Tgb 1006f
44) Tgb 1009
45) Tgb 1112
46) Vgl. Tgb 1114f
47) Tgb 1120

„DER ERDENTAG WIRD MIR ZU LANG ...“

1) Ev. Erwachsenenkatechismus (EEK), hrsg. im Auftrage der Katechismuskommission der VELKD von W. Jentsch u. a. (Gütersloher Verlagshaus Gerd Mohn, 1. Aufl. 1975); Zitate 525f. Vgl. dazu die entsprechenden Kapitel oder Abschnitte in den Darstellungen christlicher Ethik, vor allem die präzisen und differenzierten Ausführungen Bonhoeffers in den Fragmenten seiner „Ethik“ (176–184). Hingewiesen sei auf das „Handbuch der christlichen Ethik“ (Freiburg und Gütersloh 1978/82) mit dem Beitrag von A. Holderegger (III, 256–279).
2) Vgl. oben Anm. 57 zum Kap. „Deutsches Schicksal zwischen Hakenkreuz und Davidstern“
3) Vgl. dazu Thalmann 40ff und 51, sowie auch zahlreiche Bemerkungen im Tagebuch.
4) So eine Definition für den Selbstmord im EEK (vgl. oben Anm. 1)
5) Vgl. oben S. 17 und die Briefe an R. Hermann zwischen 1925 und dem Abbruch des Studiums (BW 19–25)
6) Vgl. Thalmann 41
7) Im Besitz von Hildegard Klepper.
8) Das Gedicht findet sich in der oben (vgl. Anm. 24 des vorigen Kapitels) genannten Sammlung, die jetzt mit dem Nachlaß im Deutschen Literaturarchiv Marbach a.N. liegt.
9) Tgb 283f
10) Tgb 341
11) Tgb 908f
12) Vgl. Kyrie 60–62
13) Vgl. z. B. die Briefe an R. Schneider vom 15. 11. 1937 oder vom 4. 1. 1938 und an das Ehepaar Meschke vom 10. 3. 1940
14) Winter in Wien, 129
15) Ziel der Zeit, 17
16) Tgb 815 (Nov. 1939)
17) Tgb 844 (Jan. 1940)
18) Tgb 999 (Dez. 1941)

19) Tgb 1033 (Feb. 1942)
20) Vgl. Tgb 627f und 845
21) Kriegstagebuch 204
22) Tgb 914
23) Tgb 341; vgl. auch bereits die Eintragung vom 30. 4. 1933 (Tgb 57): *Ich kann kein Tier mit einem Jungen sehen, kein Kind, ohne daß alles in mir zusammenzustürzen scheint.*
24) Vgl. Tgb 43, 57, 221. Die Eintragung vom 23. 6. 1933 (Tgb 78) und ihr Kontext läßt vermuten, daß es nicht zuletzt die Situation der „Mischehe" war, die Johanna nein sagen ließ, wo Klepper selbst (vom Glauben her) *zu einem Kinde nur ja und wieder ja sagen* konnte.
25) Tgb 948 (Nov. 1940)
26) Tgb 170
27) Brief vom 29. 6. 1938, BW 109
28) Tgb 756
29) Gast 220 und 226
30) Tgb 589
31) Tgb 1029f
32) Tgb 71; vgl. auch 111
33) Tgb 80f
34) Vgl. Fall 93ff und Tgb 634f; desgl. Tgb 969 und 997
35) Tgb 1019
36) Tgb 969
37) Tgb 77; vgl. auch Anm. 35
38) Ziel der Zeit, 9
39) Tgb 1034
40) Kriegstagebuch 144
41) Ebd. 199
42) Vgl. Tgb 970ff
43) Vgl. Tgb 1019, 1025, 1090 u. ö.
44) Tgb 1094
45) Tgb 1095f
46) Tgb 1119
47) Vgl. Tgb 896
48) Tgb 1127
49) Unveröffentlichter Brief aus dem Nachlaß von Margot Fischer, geb. Klepper

NOCH EINMAL: WER IST JOCHEN KLEPPER?

1) Rudolf Jakob Humm: Ein deutsches Schaf, in: Unsere Meinung. Freie literarische Zeitschrift (Zürich, Februar/März 1959), Zitate S. 1 u. 3. Humm (geb. 1895 in Modena/Oberitalien) lebte seit 1923 als freier Schriftsteller in Zürich; er starb 1977.
2) Thalmann 381
3) E.-J. Meschke, in: Wentorf (Hrsg.), Nicht klagen sollst du: loben, 44f
4) E.-J. Meschke, Gast 338

5) „Über die Toten (sprich) nur gut!"

6) Vgl. oben S. 72. Hinzuweisen ist in diesem Zusammenhang auch auf die Bemerkung von Heinrich Albertz über die Motive des politischen Handelns in „Blumen für Stukenbrock" (Stuttgart 1981), 262

7) Vgl. Meschke, Gast 287

8) Zum Ganzen der hier umrissenen Problematik vgl. Arno Lubos: Jochen Klepper – Werke – Beschreibung und Biographie (Jochen Beyer Verlag, Hollfeld/Ofr., 1978), 16ff, der allerdings den theologischen Aspekt nur am Rande einbezieht.

9) Vgl. hierzu das mehrfach im Tagebuch auftauchende „Cor accusator, deus defensor" (Das Herz ist unser Ankläger, Gott unser Verteidiger), das Klepper als „wahrhaft tröstendes" Wort empfindet.

10) WE 254

11) Tgb 559

12) Im März 1930 E.-J. Anker zugeeignet; zusammen mit der ersten Fassung (von 1924) abgedruckt bei Ilse Jonas (32 und 25f) sowie bei Thalmann (51).

13) Gegen Ihlenfeld: Freundschaft mit Jochen Klepper (1958), 55

14) Vgl. hierzu in Bonhoeffers „Ethik" das Kapitel „Die letzten und die vorletzten Dinge"

15) R. Schneider: Verhüllter Tag, 117f

16) Vgl. oben S. 159f

17) Aus dem „Abendlied" (Kyrie 17f)

LITERATURHINWEISE

QUELLEN (WERKE, TAGEBÜCHER, BRIEFE)

KLEPPER, Jochen: *Der Kahn der fröhlichen Leute*. Roman. Stuttgart: Deutsche Verlags-Anstalt 1933; GTB/Siebenstern 166, 1977; Morsbach: Tholenaar 1980

KLEPPER, Jochen: *Der Vater*. Roman eines Königs. Stuttgart: Deutsche Verlags-Anstalt 1937; Hamburg: Rowohlt rororo 365–367, 1960; München: dtv 1258, 1977

KLEPPER, Jochen (Hrsg.): *Der König und die Stillen im Lande*. Begegnungen Friedrich Wilhelms I. mit A.H. Francke, G.A. Francke, J.A. Freylinghausen, N.L. Graf v. Zinzendorf. Witten: Eckart-Verlag 1938; Bielefeld: Luther-Verlag 1962

KLEPPER, Jochen: *Kyrie*. Geistliche Lieder. Erstausgabe Witten: Eckart-Verlag 1938; 17. Aufl. Bielefeld: Luther-Verlag 1980

172

KLEPPER,   Jochen (Hrsg.): *In tormentis pinxit.* Briefe und Bilder des Solda-
             tenkönigs Friedrich Wilhelm I., König von Preußen. Stuttgart:
             Deutsche Verlags-Anstalt 1938

KLEPPER,   Jochen: *Gedichte.* Olympische Sonette. Der König. Berlin: Spiel-
             berg 1947

KLEPPER,   Jochen: *Die Flucht der Katharina von Bora.* Aus dem Nachlaß her-
             ausgegeben und eingeleitet von Karl Pagel. Stuttgart: Deutsche
             Verlagsanstalt 1951; Berlin: Ev. Verlagsanstalt 1957; GTB/Sie-
             benstern 275, 1978

KLEPPER,   Jochen: *Nachspiel.* Erzählungen, Aufsätze, Gedichte. Witten,
             Berlin: Eckart-Verlag 1960

KLEPPER,   Jochen: *Das Ende.* Novelle. 2. Auflage Witten, Berlin:
             Eckart-Verlag 1963

KLEPPER,   Jochen: *Ziel der Zeit.* Die gesammelten Gedichte. Witten, Berlin:
             Eckart-Verlag 1962

KLEPPER,   Jochen: *Unter dem Schatten deiner Flügel.* Aus den Tagebüchern
             der Jahre 1932–1942. Herausgegeben von Hildegard Klepper.
             Auswahl, Anmerkungen und Nachwort von Benno Mascher.
             Geleitwort von Reinhold Schneider. Stuttgart: Deutsche Ver-
             lags-Anstalt 1956 (97. Tsd. 1976)

KLEPPER,   Jochen: *Überwindung.* Tagebücher und Aufzeichnungen aus dem
             Kriege. Stuttgart: Deutsche Verlags-Anstalt 1958 (11.–20. Tsd.
             1959)

KLEPPER,   Jochen: *Gast und Fremdling.* Briefe an Freunde. Herausgegeben
             von Eva-Juliane Meschke. Witten, Berlin: Eckart-Verlag 1960

KLEPPER,   Jochen: *Briefwechsel* 1925–1942. Hrsg. und bearb. von Ernst G.
             Riemschneider. Stuttgart: Deutsche Verlags-Anstalt 1973

Verstreute Aufsätze, Würdigungen, Rezensionen und Gedichte von J.K.
erschienen u. a. in den Zeitschriften „Eckart" (ab 1926), „Zeitwende" (ab 1931),
„Die literarische Welt" (ab 1932), „Die Literatur" (ab 1933), „Das innere
Reich" (ab 1934) und „Weiße Blätter" (ab 1936). Eine ausführliche Zusammen-
stellung bietet M. J. Wecht in seinem Buch „Jochen Klepper. Ein christlicher
Schriftsteller im jüdischen Schicksal" (1998), S. 588–611.

LITERATUR ZU JOCHEN KLEPPER (AUSWAHL)

ARAKI, Emiko Dorothea: *Jochen Klepper – Aufbruch zum ewigen Haus.* Eine Motivstudie zu seinen Tagebüchern. Frankfurt u.a.: Peter Lang 1993 (= Christliche deutsche Autoren des 20. Jahrhunderts, Band 3)

BAUMANN, Klaus: *Die Bedeutung der Bibel in Theorie und Wirklichkeit der Dichtung bei Jochen Klepper.* Zum Problem der Einheit von Glaube und Wortkunst. Diss. Hamburg 1966 (Bamberger Fotodruck, Hamburg 1967)

BLOCK, Detlev: *Daß ich ihn leidend lobe.* Jochen Klepper – Leben und Werk. Lahr: St. Johannis-Druckerei 1992 (= Telos-Taschenbuch 70694)

IHLENFELD, Kurt: *Freundschaft mit Jochen Klepper.* Witten, Berlin: Eckart-Verlag 1958

JONAS, Ilse: *Jochen Klepper, Dichter und Zeuge.* Ein Lebensbild. Berlin: Christlicher Zeitschriftenverlag 1967

LUBOS, Arno: *Jochen Klepper Werke.* Beschreibung und Biographie. Hollfeld/Ofr.: Beyer 1978 (= Analysen und Reflexionen, Bd. 29)

RIEMSCHNEIDER, Ernst G.: *Der Fall Klepper.* Eine Dokumentation. Stuttgart: Deutsche Verlags-Anstalt 1975

TAPPOLET, Walter: *Ich liege, Herr, in deiner Hut.* Monographie über ein Abendlied Jochen Kleppers. Witten, Berlin: Eckart-Verlag 1968

THALMANN, Rita: *Jochen Klepper.* Ein Leben zwischen Idyllen und Katastrophen. München: Kaiser Verlag 1977

WECHT, Martin Johannes: *Jochen Klepper. Ein christlicher Schriftsteller im jüdischen Schicksal.* Düsseldorf und Görlitz: Archiv der Ev. Kirche im Rheinland 1998 (= Studien zur Schlesischen und Oberlausitzer Kirchengeschichte, Bd. 3)

WENTORF, Rudolf: *Nicht klagen sollst du: loben.* Jochen Klepper in memoriam zum 10. Dezember 1967. Gießen, Basel: Brunnen-Verlag 1967

WIRTH, Günter: *Jochen Klepper.* Berlin: Union-Verlag 2. Aufl. 1981 (= Christ in der Welt, Nr. 34)

BILDNACHWEIS

Für die Genehmigung zur Wiedergabe der Bilder und Dokumente ist zu danken dem Archiv für Zeitgeschichte/Landesbibliothek Stuttgart 29, 30, 47; Herrn W. Birker (Braunschweig) 28, 61; Herrn Lothar-G. Buchheim (Feldafing) 44; dem Deutschen Literaturarchiv (Marbach a.N.) 7, 10, 12, 13, 26, 46, 71; Herrn Pfr. M. Diegel (Gernsbach) 41; Herrn Stefan Möller 49; dem Herder-Verlag (Freiburg) 40; Herrn E. Kirsch (Berlin) 42; Frau H. Klepper (Berlin) 1, 2, 3, 4, 9, 45, 48, 53, 56, 58, 62, 70, 73; Herrn W. Köthe (Berlin) 9, 45, 53, 60, 64; Lambeth Palace Library (London) 35; der Landesbildstelle Stuttgart 54; Frau Dr. E.-J. Meschke (Täby) 5, 14, 15, 17, 18, 19, 22, 23, 25, 34, 57, 59, 67, 68, 72; Herrn KMD B. Schwarz (Berlin) 43; dem Bildarchiv Preußischer Kulturbesitz (Berlin) 11, 24, 66, 69; Herrn W. Tappolet (Zürich) 38, 51, 52; dem Ullstein-Bilderdienst (Berlin) 8, 16, 31, Ullstein-Archiv 50, Ullstein-dpa 28, 39, Ullstein-Hasucha 32, Ullstein-Röhnert 55, Ullstein-Spindler 37.

Mit besonderer Dankbarkeit nenne ich die Namen der drei Menschen, die bereit waren, das Entstehen dieses Buches in Gesprächen und durch briefliche Auskünfte zu begleiten: Hildegard Klepper, Dr. Eva-Juliane Meschke und Walter Tappolet.   H. G.

Von Heinz Grosch erschien im Frühjahr 2003:

Louis Dupré, Ein tieferes Leben
Die mystische Erfahrung des Glaubens
Herder Verlag Freiburg
ISBN 3-451-27873-1

Jochen Klepper
Flucht der Katharina von Bora
144 Seiten, gebunden
ISBN 3-7675-6941-8; Best.-Nr. 296.941

In der Osternacht 1523 fliehen acht Nonnen unter dramatischen Umständen aus dem Kloster Marienthron. Die neue evangelische Lehre hat ihren Glauben an das Klosterleben erschüttert. In letzter Minute schließt sich ihnen eine neunte Schwester an: Katharina von Bora. Noch ahnt sie nicht, dass sie bald Luthers Frau werden wird ...
Der Roman um Luthers Ehefrau ist Jochen Kleppers literarisches Vermächtnis. Er ließ ihn unvollendet zurück. Der vorliegende Text wurde von Karl Pagel herausgegeben und eingeleitet.

Jochen Klepper
Der Kahn der fröhlichen Leute
Roman
176 Seiten, gebunden
ISBN 3-7675-6946-9; Best.-Nr. 296.946

Jochen Kleppers erster Roman ist eine humorvolle Liebeserklärung an die Menschen und die Landschaft seiner schlesischen Heimat. 1933 erschien diese warmherzig erzählte Geschichte der jungen Wilhelmine Butenhof, die als junge Binnenschifferin mit ihrem Kahn „Helene" die Oder befährt. Nach dem Tod ihrer Eltern wird ihr vom Pastor der ehemalige Artist August Müßiggang als Vormund zugeteilt, der mit seinem Pony Hannchen auf dem Kahn einzieht. Die muntere Besatzung sorgt für allerlei Gesprächsstoff auf anderen Schiffen und in den Orten entlang der Oder. Die altersschwache Helene wird schließlich sogar zum Expressfrachter umfunktioniert. Aber schließlich muss Wilhelmine sich doch von ihrem geliebten Schiff trennen.